AF568775

Mandel

Margot Fischer
Michael Baiculescu

Mit Illustrationen von
Linda Wolfsgruber

mandelbaums *kleine gourmandisen*
N° 14

Die *kleinen gourmandisen* werden herausgegeben von Michael Baiculescu und Margot Fischer.

www.mandelbaum.at
www.mandelbaum.de
ISBN 978-3-85476-539-4

office@mandelbaum.at
Wipplingerstr. 23, 1010 Wien

2. Auflage 2025
Satz und Umschlaggestaltung: Michael Baiculescu
Illustrationen: Linda Wolfsgruber
Druck: Interpress, Budapest

DER KERN DER MODERNEN ZIVILISATION

Wenn Sie das nächste Mal im Supermarkt zufällig an den traurigen Plastiksackerln vorbeikommen, auf denen *Mandeln, gehobelt*, oder *Mandeln, gerieben* geschrieben steht und deren Inhalt eine entfernte Ähnlichkeit mit dem stolzen und einst so wertvollen Steinobst des Mandelbaumes aufweist, wird Ihnen vielleicht dieses Buch einfallen; diese Zeilen, die Sie neugierig machen wollen auf die möglicherweise älteste essbare Begleiterin der eurasischen Menschheit, die den Lebensstil entscheidend beeinflusst haben könnte. ForscherInnen haben nämlich die These aufgestellt, die nahrhaften und gesunden Mandeln hätten Menschen noch vor der Entwicklung jeglicher Landwirtschaft vor rund 12.000 Jahren dazu veranlasst, ihr Nomadentum aufzugeben und damit die Basis für die Entwicklung von Hochkulturen geschaffen.

Seither spielte die Mandel in der Menschheitsgeschichte stets eine große Rolle – als Statussymbol, wertvolles Handelsgut und Arznei; in der Mythologie, Kunstgeschichte und Literatur sowie natürlich auf den Tellern. Schenken wir doch der Mandel den Respekt und die Aufmerksamkeit, die sie verdient.

DAS MASTODON UND DER HOHEPRIESTER

Genetisch stammen kultivierte Mandeln von Wildpopulationen in Zentral- und Südwestasien ab, wo sich in den Wüsten und Hochebenen aus einer gemeinsamen Ursprungsform Mandel und Pfirsich entwickelt haben dürften. Wildformen der Mandel finden sich im gesamten südwest- und zentralasiatischen Raum von der Türkei und Syrien über den Kaukasus bis in die Wüsten von Tian-Shan und die Berge des Hindukusch.

Schon früh entdeckten nomadisierende Gruppen die nahrhaften Steinfrüchte, die möglicherweise zur Sesshaftwerdung und der Entwicklung des Ackerbaus beigetragen haben. Archäologische Funde in Gesher Benot Yaáqov (Israel) aus dem frühen bis mittleren Pleistozän (vor gut 1,8 Millionen Jahren) zeigen, dass bereits die Vorfahren der Hominiden Mandeln mithilfe von Steinen zu knacken verstanden. Exemplare in den Franchthi Höhlen auf dem Peloponnes wurden auf 10 000 v. u. Z. datiert. Auch in der Türkei, Syrien, Palästina und Jordanien entdeckte man Nachweise für eine frühe Nutzung. Sogar ein Anbau wäre denkbar, da sich die Mandel leicht aus Samen ziehen lässt. Um 4000 v. u. Z. waren sie bereits in den meisten antiken Kulturen bekannt und geschätzt. Damit zählt die Mandel zu den am frühesten kultivierten Pflanzen. Eine sumerische Tafel aus der Zeit um 2200 v. u. Z. listet sogar unter den Opfern an die Götter große Mengen an Mandeln. Auch in Pharaonengräbern fanden Archäologen Mandeln sowie Gegenstände aus Mandelholz aus der 18. Dynastie (um 1550 v. u. Z.). Einige Haine wuchsen in der Nähe von Siedlungen und entlang von Handelsrouten wie der Seidenstraße. Wegen ihrer wertvollen Eigenschaften, ihrer Haltbarkeit und guten Transportfähigkeit verbreitete sich die Mandel – und mit ihr ihre vielfältigen Verwendungsmöglichkeiten – rasch nach China und in den Süden bis Indien.

DIE MANDEL IN DER BIBEL ...

Bereits im Alten Testament spielt der Mandelbaum immer wieder eine bedeutende Rolle als Symbol. Im 2. Buch Mose weist der Herr Moses an, für das Heiligtum der Israeliten einen besonders schönen Leuchter in der Form von Mandelblüten herzustellen. Im 4. Buch Mose treibt Aarons Stab als Zeichen seiner Auserwähltheit zum Hohepriester über Nacht nicht nur Knospen aus, sondern erblüht und lässt Mandeln reifen. Im Mittelalter galt Aarons Stab, lat. *virga*, als Symbol der Geburt Christi aus einer Jungfrau (*virgo)*. Das Melker Marienlied aus dem 12. Jh. berichtet: »Ja, auf die Erde / legte Aaron einen Stab! / Der trug Mandeln, / sehr edle Früchte. / Solche Süße hast du hervorgebracht, / Mutter ohne Mitwirkung eines Mannes, / heilige Maria!«

Als Wortspiel erscheint der Baum in Jeremia: »Das Wort des Herrn erging an mich: Was siehst du, Jeremia? Ich antwortete: Den Zweig eines Mandelbaums (שָׁקֵד *šāqed*) sehe ich. Da sprach der Herr zu mir: Du hast richtig gesehen; denn ich wache (שֹׁקֵד *šoqed*) über mein Wort und führe es aus.« Der Mandelbaum als Zeichen, dass Gott über seine Schöpfung wacht.

Shalom Ben-Chorin schreibt 1942 dieses Gedicht:
Freunde, dass der Mandelzweig wieder blüht und treibt,
ist das nicht ein Fingerzeig, dass die Liebe bleibt?
Dass das Leben nicht verging, so viel Blut auch schreit,
achtet dieses nicht gering in der trübsten Zeit.
Tausende zerstampft der Krieg, eine Welt vergeht.
Doch des Lebens Blütensieg leicht im Winde weht.
Freunde, dass der Mandelzweig sich in Blüten wiegt,
das bleibt mir ein Fingerzeig für des Lebens Sieg.

Die leise Botschaft des Mandelbaums tröstet ihn, der 1935 aus Deutschland fliehen musste. Das Gedicht bezieht sich auf die Bibelstelle bei Jeremia.

… UND BEI DEN GRIECHEN

Die Griechen, die den Mandelbaum schon seit Jahrtausenden kannten, nahmen ihn auch in ihre Mythologie auf.

Sehr vielsagend und vielfältig interpretierbar ist die Geschichte von der Entstehung eines Mandelbaums aus dem vergrabenen männlichen Genital eines zweigeschlechtlichen Wesens, vor dem sich selbst die Götter gefürchtet haben sollen. Agdistis, so dessen Name, sei entstanden aus einem auf die Erde getropften nächtlichen Samenerguss von Göttervater Zeus. Dionysos verwandelte das Wasser einer Quelle, aus der Agdistis nach der Jagd zu trinken pflegte, in Wein. Agdistis schlief berauscht ein und bemerkte nicht, dass Dionysos sein männliches Geschlechtsteil an einen Baum festband. Nach dem Schlaf erschrocken aufspringend, entmannte Agdistis sich selber und wurde auf diese Weise zum weiblichen Wesen.

Aus dem abgerissenen Genital wuchs ein Mandelbaum. Eines Tages kam die schöne Flussnymphe Nana des Weges. Sie pflückte eine Mandel von diesem Baum und legte sie sich in den Schoß. Und so kam es wie es kommen musste: Sie wurde schwanger. Es folgen dramatische Verwicklungen einschließlich Vaterzorn, geretteten Kindern, einer verhinderten Hochzeit, Inzest, Wahnsinn und Tod.

Ob die alten Griechen sich dermaßen an Sex and Crime ergötzten, ist schwer zu sagen, denn die meisten schriftlich festgehaltenen Sagen stammen – auch in all ihren Abwandlungen – aus späterer Zeit.

Eine weitere Legende aus dem antiken Griechenland erzählt das *Damen Conversations Lexikon* von 1837: »Phyllis, die Tochter des Thrakerkönigs Sithon, sah im Hause ihres Vaters den schönen Demophoon, Theseus Sohn, und entbrannte in glühender Liebe zu ihm. Der Geliebte mußte nach Athen zurückkehren, versprach aber baldige Wiederkehr. Die bestimmte Frist verstrich, und vergebens harrte die arme Phyllis auf den Ersehnten am Meeresufer. Da brach ihr das Herz [sie brachte sich um], und ihrem Grabe entsproßte ein Mandelbaum, aus dessen Blättern eine sanfte Klage um die Frühverblichene erklang, die erst verstummte, als Demophoon endlich

mandelbaums kleine gourmandisen
Safran
Rita Henss

mandelbaums kleine gourmandisen
Weichsel
Sauerkirsche
Margot Fischer

mandelbaums kleine gourmandisen
Zitrone
Bruno Ciccaglione

mandelbaums kleine gourmandisen
Holunder
Margot Fischer

mandelbaums kleine gourmandisen
Birne
Sonja Schnögl

mandelbaums kleine gourmandisen
Erbse
Eva Derndorfer

Granatapfel

mandelbaums kleine gourmandisen
Banane
Margot Fischer

mandelbaums kleine gourmandisen
Haselnuss
Margot Fischer

mandelbaums kleine gourmandisen
Tafeltraube
Klaus Postmann
Simone J. Taschée

mandelbaums kleine gourmandisen
Marille
Aprikose
Margot Fischer

mandelbaums kleine gourmandisen
Lavendel
Klaus Postmann
Simone J. Taschée

mandelbaums kleine gourmandisen
Speierling
Monika J. Peukert
Matthias Schmidt

mandelbaums kleine gourmandisen
Kichererbse
Roland Tauber

mandelbaums kleine gourmandisen
Apfel
Cornelia Adam

mandelbaums kleine gourmandisen
Buchweizen
Gabriele Kalmbach

mandelbaums kleine gourmandisen
Mangold
Margot Fischer

mandelbaums kleine gourmandisen
Pistazie
Rita Henss

Melanzane
Aubergine

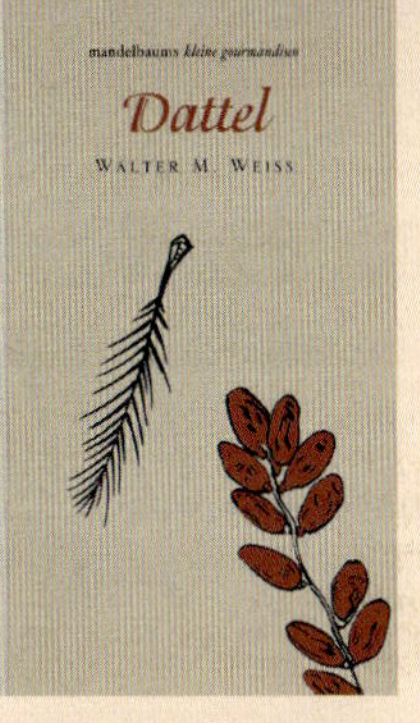
mandelbaums kleine gourmandisen
Dattel
Walter M. Weiss

mandelbaums kleine gourmandisen
Avocado
Kathrin Konrad

mandelbaums kleine gourmandisen
Orange
Daniela von Pfeil

Fenchel

mandelbaums kleine gourmandisen
Zimt
Rita Henss

mandelbaums kleine gourmandisen
Erdnuss
Rita Henss

mandelbaums kleine gourmandisen
Sellerie
Roland Tauber

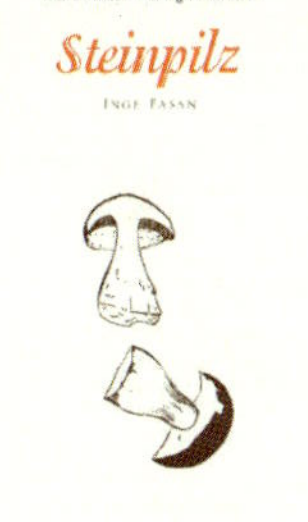
mandelbaums kleine gourmandisen
Steinpilz
Inge Fasan

mandelbaums kleine gourmandisen
Mandel

mandelbaums kleine gourmandisen
Karotte
Möhre
Eva Derndorfer
Inge Fasan

mandelbaums kleine gourmandisen
Mohn
Rita Henss

mandelbaums kleine gourmandisen
Kakao

Gurke

mandelbaums kleine gourmandisen
Johannisbeere
Margot Fischer
mandelbaums kleine gourmandisen
Salbei
Tatiana Y. Silla
mandelbaums kleine gourmandisen
Radicchio
Bruno Ciccaglione
mandelbaums kleine gourmandisen
Chili
Helmuth Santler
mandelbaums kleine gourmandisen
Karfiol
Blumenkohl
Eva Derndorfer
mandelbaums kleine gourmandisen
Spargel
Ingrid Haslinger
mandelbaums kleine gourmandisen
Pastinak
Margot Fischer
mandelbaums kleine gourmandisen
Rosmarin
Tatiana Y. Silla

mandelbaums kleine gourmandisen
Zwetschge
Inge Fasan
Eva Derndorfer

mandelbaums kleine gourmandisen
Mais
Nora Aschacher

mandelbaums kleine gourmandisen
Pinie
Bruno Cieeaglione

mandelbaums kleine gourmandisen
Himbeere
Margot Fischer

mandelbaums kleine gourmandisen
Erdbeere
Margot Fischer
mandelbaums kleine gourmandisen
Senf
Petra Kolip

mandelbaums kleine gourmandisen
Linse
Roland Tauber

mandelbaums kleine gourmandisen
Weizen
Bruno Cieeaglione

mandelbaums kleine gourmandisen
Feige
Tatiana Y. Silla

mandelbaums kleine gourmandisen
Walnuss
Margot Fischer

mandelbaums kleine gourmandisen
Morchel
Simon Drabosenig
Günter Mischkulnig
mandelbaums kleine gourmandisen
Rote Rübe
Rote Bete
Margot Fischer

mandelbaums kleine gourmandisen
Rhabarber
Margot Fischer
mandelbaums kleine gourmandisen
Tomate
Tatiana Y. Silla

mandelbaums kleine gourmandisen
Sesam
Petra Kolip

mandelbaums kleine gourmandisen
Heidelbeere
Margot Fischer

mandelbaums kleine gourmandisen
Artischocke

mandelbaums kleine gourmandisen
Vanille
Eva Derndorfer

mandelbaums kleine gourmandisen
Basilikum

mandelbaums kleine gourmandisen
Thymian
Margot Fischer

Zwiebel
mandelbaums kleine gourmandisen
Quitte
Inge Fasan

mandelbaums kleine gourmandisen
Zucchini

Marone
Esskastanie

kleine Merkliste:

Ich habe folgende Bücher verschenkt	an

zurückkehrte und [in seiner großen Trauer] den Baum umarmte. Dieser begann sofort wundersam und schön zu blühen – ein Zeichen unvergänglicher Liebe, die nicht einmal der Tod auszulöschen vermag.«

Aus Marokko stammt die Sage von der schönen Prinzessin Hatim – Prinzessinnen sind immer schön. Sie hatte ein so gutes Herz, dass sie unter den Ärmsten des Landes Geld verteilte, das ihrem Vater gehörte. Der König hatte kein Verständnis dafür, bezichtigte sie des Diebstahls und ließ sie hinrichten. Doch Allah billigte Hatims Handeln und verwandelte die tote Prinzessin in einen Mandelbaum, der darauf jedes Jahr den Menschen Mandeln schenkte.

MANDELN AUF DER SEIDENSTRASSE

Wir gehen gewöhnlich davon aus, dass kulturelle Errungenschaften aus dem fernen Osten über die Seidenstraße ihren Weg nach Europa gefunden haben. Mandelbäume und ihre Früchte hingegen verbreiteten sich sowohl nach Westen als auch nach Osten.

Das mit Mohammed verwandte Herrscherhaus der Omajaden hatte das erste islamische Reich vom heutigen Afghanistan bis Südspanien erweitert und brachten mit dem Aufblühen der Landwirtschaft in Andalusien auch eine intensivere Nutzung der Mandelbäume in den Mittelmeerraum.

Unter den Abbasiden, die ihre Hauptstadt nach Bagdad verlegten, kam es im 9. Jh. zur Entwicklung einer blühenden Stadtkultur und einer enormen wirtschaftlichen Expansion. Die Kaufleute und Landbesitzer waren – auf Kosten der Bauern – die großen Gewinner. Immense Warenströme verließen das Land in Richtung Osten, begleitet von Bankgeschäften. Die Abbasiden-

Herrscher förderten die Wissenschaft, übernahmen auch das wissenschaftliche Erbe der griechischen Antike und entwickelten es weiter. Die Landwirtschaft stabilisierte sich in dieser Zeit durch die Erschließung neuer Landstriche mit Hilfe von Bewässerungsanlagen, der Trockenlegung von Sümpfen und dem nachfolgenden Anbau. Als eine der wertvollsten Kulturpflanzen galt die Mandel. Fleißige Schüler durften sogar zur Belohnung auf Kamelen durch Bagdad paradieren und sich Mandeln zuwerfen lassen. In begüterten Haushalten mästete man Geflügel mit Mandeln und Milch.

Mandeln zählten zu dieser Zeit als wichtiges Handelsgut und wurden nach Osten exportiert. So gelangten nicht nur die Mandeln sondern auch medizinisches und kulinarisches Wissen nach China und Indien. Der persische Name für Mandel lautet *badam* oder *vadam*. Im Tibetischen treten die Mandeln ebenfalls als *badam* auf; im Sanskrit werden sie als *vatama* oder *batama* bezeichnet. Im Chinesischen wurde das persische Wort übernommen und zu *p'o-tam* oder *bwa-dam*. Während der T'ang-Dynastie wurden Mandeln vermehrt eingeführt. Sie waren sogar Teil des Tributes an den Kaiser.

MANDOLINE UND MARZIPAN

Wie die Mandel selbst, stammt deren bekannteste Verarbeitung, das Marzipan, aus dem Orient. Die ersten erhalten gebliebenen Erwähnungen und Rezepte stammen aus dem Abassiden-Reich. Ein Kochbuch aus Bagdad, das *Kitab al-Tabikh*, enthält eine Menge Rezepte für Süßspeisen aus Mandeln, u.a. *lauzinaj yabis*. In diesem Rezept wird feiner Staubzucker mit fein geriebenen Mandeln verknetet und mit Rosenwasser parfümiert –

das Grundrezept von Marzipan. Rezepturen auf Mandelbasis wurden nach Indien (*badam barfi, halva)* und ganz Zentralasien bis nach Ostchina transferiert. Und wie nach Osten verbreitete sich das Wissen von Marzipan entlang der großen Handelsstraßen auch nach Westen. Über Nordafrika kam das Marzipan nach Andalusien.

Als *Mazapan de Toledo* wurde es in ganz Europa bekannt. In Venedig taucht es im 13. Jh. als *Marzapane* auf und wird in Folge zu einem sehr beliebten Konfekt beim europäischen Adel. Wie andere Süßwaren auch wurde es von Apothekern hergestellt und wohl auch zu solchen Preisen vertrieben. Marzipan galt als Arzneimittel gegen Verstopfungen, Blähungen und zur Steigerung der Potenz.

Rührend ist vor diesem Hintergrund natürlich die bis heute gepflegte Legende, Marzipan sei 1407 in Lübeck erfunden worden. In dem Zusammenhang kursiert auch die Geschichte, Marzipan»brot« sei dort aufgrund einer Hungersnot das einzig verfügbare Lebensmittel gewesen. Von Königsberg wird die gleiche Geschichte erzählt und interessanterweise soll der Name der *Sauce génoise* (siehe Seite 30) auch darauf zurückgehen, dass die Genuesen in ihrer belagerten Stadt nur Mandeln zu essen hatten ...

Dabei waren Mandeln im europäischen Mittelalter ein sehr begehrtes und teures Lebensmittel. Als die Hungersnöte in ganz Europa zunahmen und die Bauern und Bäuerinnen ob der katastrophalen Lebensverhältnisse aufzubegehren begannen, wurde in der Banken- und Handelsmetropole Venedig 1514 das Vergolden von Marzipan als übertriebener Luxus verboten.

Neben Lübeck (Lübecker Marzipan ist heute eine geschützte Herkunftsbezeichnung und muss mindestens 70% Mandeln enthalten) und Königsberg, wo die Oberfläche von Marzipantarteletts gebrannt und mit Zuckermasse sowie kandierten Früchten belegt wird, wurde auch Frankfurt ein Zentrum der Marzipanproduktion. Dort entstanden die *Brenten*, deren Herstellung Eduard Mörike in einem Gedicht festgehalten hat:

Mandeln ernstlich, rat' ich dir,
Nimm drei Pfunde, besser vier
(Im Verhältnis nach Belieben);
Diese werden nun gestoßen
Und mit ordinärem Rosen-
Wasser feinstens abgerieben.

Je aufs Pfund Mandeln akkurat
Drei Vierling Zucker ohne Gnad'!
Denselben in den Mörsel bring',
Hierauf ihn durch ein Haarsieb schwing.

Von deinen irdenen Gefäßen
Sollst du mir dann ein Ding erlesen,
Was man sonst eine Kachel nennt,
Doch sei sie neu zu diesem End'!
Drein füllen wir den ganzen Plunder
Und legen frische Kohlen unter.

Jetzt rühr' und rühr' ohn' Unterlaß,
Bis sich verdicken will die Mass',
Und rührst du eine Stunde voll!
Am eingetauchten Finger soll
Das Kleinste nicht mehr hängen bleiben;
So lange müssen wir es treiben.

Nun aber bringe das Gebrodel
In eine Schüssel (der Poet,
Weil ihm der Reim vor allem geht,
Will schlechterdings hier einen Model,
Indes der Koch auf ersterer besteht.)

Darinne drück's zusammen gut!
Und so hat es über Nacht geruht,
Sollst du's durchkneten Stück für Stück,
Auswellen messerrückendick.
Je weniger Mehl du streuest ein,
Um desto besser wird es sein.

Alsdann in Formen sei's geprägt,
Wie man bei Weingeback 'nem pflegt;
Zuletzt – das wird der Sache frommen –
Den Bäcker scharf in Pflicht genommen,
Daß sie schön gelb vom Ofen kommen!

Und da ist noch die Geschichte der Frankfurter *Bethmännchen*, Dieses halbkugelförmige Gebäck mit vier Mandeln obenauf auf der Basis von Brenten wurde bereits 1838 im Haus des Staatsrates Simon Moritz von Bethmann zum Fünf-Uhr-Tee gereicht. Der aus Frankreich stammende Küchenchef der Bethmanns, Jean-Jacques Gautenier, der das Gebäck wahrscheinlich kreiert hat, reduzierte die vier Mandeln auf drei, als einer der vier Söhne der Bethmann-Familie starb. In Frankfurter Konditoreien ist das Gebäck bis heute erhältlich.

Wie Mandel und Marzipan hat die Mandoline ihre Ursprünge im Nahen und Mittleren Osten und kam über die gleichen Wege als arabische Laute (Oud) nach Südeuropa. Ihren Namen verdankt sie höchstwahrscheinlich dem mandelförmigen Korpus. Der Oud-Spieler Abu l-Hasan 'Ali Ibn Nafi' wurde um 830 aus Bagdad vertrieben und flüchtete nach Andalusien. Er gründete in Córdoba eine der ersten Musikschulen. Seit dem 11. Jh. war das islamische Spanien ein Zentrum der Instrumentenbauer. Von dort verbreiteten sich das Instrument und seine Abwandlungen über ganz Europa. Die provenza-

lischen Troubadoure sind dabei nicht die einzigen, die ohne die arabischen Instrumente undenkbar wären. Der Hohenstaufer-König Friedrich II., der im 13. Jh. nicht nur das Heilige Römische Reich deutscher Nation regierte, sondern auch König von Sizilien war, förderte die islamischen Wissenschaftler und Künstler an seinem Hof in Palermo. Über diesen Weg kamen die Instrumente über Italien auch bis nach Deutschland. Die heutige Mandoline taucht gegen Ende des 15. Jhs. in Neapel auf und ist seit dem 17. Jh. in ganz Europa bekannt.
Der gleichnamige Gemüsehobel, meist aus Edelstahl hergestellt, erhielt seinen Namen in Frankreich und das, weil die hochstehenden Klingen des Hobels an die Saiten einer Mandoline erinnern (sollen).

»ZÄHLE DIE MANDELN …

… zähle, was bitter war und dich wachhielt, zähle mich dazu.« PAUL CELAN

Hart ist die Mandelschale, sehr hart, und selbst wenn man sich durchgekämpft hat, ist ihr Kern nicht immer süß. Was liegt daher näher, als die Mandel als Symbol für die menschliche Existenz zu betrachten? So betitelt sie zahlreiche Romane, Kurzgeschichten und Filme. Auch Arnošt Lustig stellt in *Der bittere Geruch der Mandeln* Fragen nach dem Sinn des Lebens. Dieser Duft ist allerdings in der Literatur wesentlich häufiger mit Mord assoziiert, indem er nicht nur bei Agatha Christie als Todesursache eine Vergiftung mit Blausäure verrät. Doch es geht auch anders: Eine elegante Falle stellt die Hobbydetektivin Miss Fisher, Heldin einer in den 1920er Jahren spielenden Reihe von Kriminalromanen von Kerry Greenwood. Im Roman entlarvt Miss Fisher einen Spion, der sich als Jude ausgibt, indem sie von ihm verlangt, *Rosinkes mit Mandlen* zu singen, ein

Wiegenlied, das jede jiddische Mutter ihrem Kind vorsingt. Laut Miss Fishers Theorie kann sich ein Betrüger alle möglichen biographischen Details aneignen, doch keine Kindheitserfahrungen. Wie erwartet, scheitert der Bösewicht an der Aufgabe.

Rosinkes mit Mandlen stammt von Abraham Goldfaden, der im 19. Jh. das moderne jiddische Theater begründete. Er konnte weder Noten lesen noch beherrschte er ein Instrument. Dennoch stattete er seine Theaterstücke mit Liedern aus, von denen einige sehr populär wurden. Im Text steht unter der Wiege eine schneeweiße Ziege, die mit Rosinen und Mandeln handelt. Dem Kind wird ebenfalls eine Karriere als Kaufmann prophezeit. Die Ziege ist ein Symbol ausdauernder Kraft. Rosinen und Mandeln stehen für Reichtum, umso mehr in den meist ärmlichen jiddischen Haushalten. Mandeln für das Kind sieht das alte deutsche Wiegenlied *Mandelbäumchen* vor. Es bittet den Mandelbaum, seine Wurzeln leise aus der Erde zu ziehen und im Kinderzimmer seine Früchte abzuschütteln.

Auch Advents- und Weihnachtslieder sind voller Mandeln. Das Bild der heilen Welt der Weihnacht daheim strapaziert unter anderem Patrick Lindner in *Mandeln und Zimt*. Zwar nicht kulinarisch sondern anatomisch, dafür wesentlich unterhaltsamer, ist Rainhard Fendrichs Lied *Frieda*, in der ein heftig Pubertierender davon träumt, die Angebetete zu »schmusen bis zu´d Mandeln«. Ebenfalls erfolglos bleibt Gucci Mane in seinem Rap *Wasted*. Er sucht nach einer »bitch to suck my *Almond Joy*« (der beliebte Schokoriegel steht im afroamerikanischen Slang für den Penis). Der – augenscheinlich für diesen Job sehr begehrten – Auserwählten schmerzt jedoch schon der Kiefer. Ebensowenig Glück hat George Brassens in seinem Chanson *L´Amandier*. Es erzählt von seinem Mandelbaum, den er für alle gierigen Mädchen der Welt gezüchtet hat. Eines Tages kommt ein berechnendes und herzloses »Eichhörnchen im Rock« und isst alle seine Mandeln. Sie bedankt sich dafür zwar mit Küssen, doch als Herbstgewitter den Mandelbaum zu Staub verwandeln, zerfällt auch die Liebe.

The *Milk of Almonds*, eine Sammlung von Texten italo-amerikanischer Autorinnen über ihr Leben und ihre Kultur, verdankt seinen Titel den vielen Erinnerungen, die die Autorinnen mit der Mandel verbinden, von der Großmutter, die den ganzen Tag Mandeln »für die Kraft und das Gedächtnis« knabberte, bis zur Sehnsucht nach der sizilianischen *granita di mandorle* mit warmem Brioche und dem Duft der blühenden Mandelhaine, Zeichen der Wiederkehr des Frühlings. Im Februar wird mit der *Sagra del Mandorlo* die Mandelblüte gefeiert im Tal der Tempel bei Agrigent gefeiert. Dort wächst ein lebendes Museum der Mandelbäume mit mehr als 250 historischen Sorten.

Nicht für alle Menschen war die Mandelblüte Grund zum Feiern. Das Ende des Winters bedeutete in kargen Regionen nicht selten auch das Zurneigegehen der Vorräte lange vor der neuen Ernte. Besonders hart erleben dies im Zweiten Weltkrieg Mutter und Tochter in Alberto Moravias *Und dennoch leben sie*.

Das Frühlingserwachen mit den früh erscheinenden Mandelblüten und der Ruf der Mandel als Aphrodisiakum machen sie über die Jahrhunderte zum geeigneten Sujet in Liebesgedichten im gesamten Verbreitungsgebiet des Mandelbaumes. So meint im arabischen *Buch der Lieder der Liebe* der Sänger, nachdem er die Lippen seiner Liebsten gekostet hatte, er werde Mandeln nie wieder als süß bezeichnen.

Edmond Rostand verleitet mehr der kulinarische Aspekt zum Dichten. Er lässt in *Cyrano de Bergerac*, seiner 1897 uraufgeführten Komödie in Versen, den Konditor

Ragueneau seinen Mitarbeitern ein »Rezept für kleine Mandeltorten« vorlesen.

Schlag das Eiweiß etwa dreier
Frischer Eier,
Bis sie sich in Schaum verwandeln;
Gieß Zitronensaft hinein;
Misch ihn fein
Mit der Milch von süßen Mandeln.
Blätterteig aus feiner Butter
Nimm zum Futter
Für des Kuchenbleches Hülle;
Sei bedacht, dass nun der Schaum
Diesen Raum
Tropfenweis allmählich fülle.
Lass den Teig vom Feuer packen,
Bis gebacken
Er verlässt des Ofens Pforten:
So bekommst du braun und gar
Eine Schar
Kleiner feiner Mandeltorten.

STECKBRIEF

Der wilde Mandelbaum, *Amygdalus communis*, trägt blausäurehaltige bittere Steinfrüchte. Wilde Exemplare enthalten auch Erbinformation, die jener kultivierter Bäume sehr ähnlich ist. Gene von Wildformen werden zur Verbesserung der Eigenschaften von Zuchtpflanzen verwendet.

Die Kulturpflanze, *Prunus dulcis var. dulcis*, liefert süße Steinfrüchte mit sehr geringem Blausäuregehalt. Der häufig drehwüchsige Strauch oder Baum mit graubrauner Borke wird in milden Regionen bis 10 Meter hoch. Die Äste tragen zahlreiche kurze Zweige. Die weißen bis blassrosa Blüten mit je 5 Kelch- und Kronblättern, wollig behaartem Fruchtknoten und zahlreichen Staubblättern blühen vor den Laubblättern je nach Region von Januar bis April in der nördlichen Hemisphäre, ab Oktober in der südlichen. Die 7–10 cm langen hellgrünen Blätter mit fein gesägtem Blattrand sind länglich-lanzettlich bis eiförmig und lang zugespitzt. An den Kurztrieben stehen sie nahe aneinander, oft sogar in Büscheln. Der 1–3 cm lange Blattstiel ist am oberen Ende mit 2–4 Nektardrüsen besetzt. Die 3–6 cm langen, samtig behaarten grünen Früchte sind flach und länglich-eiförmig. Das Fruchtfleisch springt bei der Reife auf und gibt eine an der Oberfläche gelöcherte Steinfrucht mit einem Samen frei.

Die Krachmandel, *Prunus dulcis var. fragilis*, hat einen leicht zerbrechlichen Steinkern mit süßem Samen.

Die Bittermandel, *Prunus amygdalis* oder *Prunus dulcis var. amara*, trägt vorwiegend rosa bis dunkelrosa Blüten. Die Frucht ist meist etwas kleiner als die der Süßmandel. Als Schutz vor Fraßfeinden enthält sie ein giftiges Blausäureglykosid.

Das schöne milchkaffeefarbene Mandelbaumholz ist hart und neigt beim Trocknen zu Rissbildung. Große Stücke sind daher selten, dafür lassen sich dekorative Schalen und andere kleine Gegenstände daraus herstellen.

Relativ neu ist die Verwendung der harten Schalen als Ausgangsstoff von saugfähigen Fasern, widerstandsfähigem Kunststoff sowie Zusätzen zu Nahrungsmitteln, Kosmetika und Arzneimitteln. Auch Zucker lässt sich aus den Schalen extrahieren. Die Reste werden zu Kohle verbrannt, die zur Verbesserung der Qualität und Wasserbindefähigkeit von Böden beiträgt.

In größerem Stil kultiviert wird der Mandelbaum heute vor allem in Kalifornien, im Mittelmeerraum und im Iran. Der Anteil Kaliforniens an der Weltproduktion liegt bei mehr als 80 %. Der Intensivanbau verschlingt pro Kilogramm Mandeln 8.000 Liter Wasser und wird aufgrund zunehmender Wasserknappheit immer problematischer. Ebenso der Pestizideinsatz. Laut USDA produzierten im Jahr 2024 die USA 1.270.000 t, Australien 160.000 t, die EU 150.000 t und die Türkei 27.000 t.

Als wirtschaftlich bedeutendste Sorte gilt die *Nonpareil* aus Kalifornien. Die berühmteste spanische Sorte ist die *Marcona*, ansonsten kommen *Valencia* auf den Markt. In Italien genießt die *Avola* für ihr besonderes Aroma hohe Wertschätzung. In Frankreich werden hauptsächlich *Ferragnés* (60%) und *Ferraduel* (30 %) angebaut. Besonders geschätzt wegen ihrer Süße ist die seit über 100 Jahren kultivierte *Aï*. Derzeit ist die gesamte Produktion für einen einzigen Konditor reserviert. Die Ernte der *Ferrastar* geht vollständig an einen Schokoladefabrikanten.

Die Ziermandel ist eine Kreuzung aus Mandel und Pfirsich. Den »Familiennamen« tragen auch einige entfernte Verwandte der klassischen Mandeln. Die Cuddapah Mandel, *Buchanania latifolia*, ist ein wichtiges Nahrungsmittel in Süd- und Südostasien sowie bei den Aborigines in Australien. Die Java Mandel, *Canarium commune*, ist ebenfalls essbar und liefert zudem Harz. Die Malabar Mandel oder Indische Mandel, *Terminalia catappa*, wird meist als Zierde entlang von Straßen in den Tropen angepflanzt. Die *Terminalia ferdinandiana*, weit verbreitet in den tropischen Wäldern, trägt kleine gelbe Früchte mit einem sensationellen Gehalt an Vitamin C von bis zu 5.300 mg/100 g (Orangen bieten lediglich 50 mg/100 g). Bei der »Chinesischen Mandel« handelt es sich um Marillenkerne, die zur Produktion von Persipan dienen.

BONBONS ALS HEILMITTEL

Die antike griechische Medizin klassifizierte die Mandel als heiß und trocken und verwendete sie daher gegen Erkältungen, Verdauungsbeschwerden, Erkrankungen der Atemwege, Ödeme, Bindegewebsschwäche und Antriebsmangel. Für eine leichtere Verdaulichkeit und zur Milderung der Hitze empfahl schon Diokles von Carystos im 4. Jh. v. u. Z., frische Mandeln den getrockneten vorzuziehen, sie einzuweichen oder zu rösten. Auf Aristoteles (4. Jh.) soll die Idee zurückgehen, Bittermandeln gegen Trunkenheit einzusetzen. Die Bitterkeit und die harntreibenden Eigenschaften sollen den Alkohol rasch aus dem Körper schleusen und somit verhindern, dass er zu Kopf steigt. Plinius der Ältere gibt im 1. Jh. als benötigte Menge fünf Stück an. Anwendung und Dosis hielten sich über die Jahrhunderte: John Gerard rät noch im 16. Jh. als Vorbeugung fünf oder sechs Stück auf nüchternen Magen zu nehmen. Plinius empfiehlt Bittermandeln überdies als Mittel zur Förderung von Schlaf, Appetit, Harnfluss und Menstruation sowie gegen Kopfschmerzen und Fieber.

Durch die Übersetzung zahlreicher griechischer Werke unter dem Kalifat der Abbasiden gelangte das Wissen um die Heilwirkungen der Mandel in den arabischen Raum, wo sie noch breitgefächertere Verwendung in Küche und Arztpraxis fand, z. B. zum Inhalieren und als Trägermittel für Injektionen. Rhases (al-Razi) bemerkte bereits im 9. Jh. die knochenstärkenden und hirnleistungssteigernden Wirkungen, die durch Studien im 21. Jh. bestätigt werden. Die Schriften von Ibn Sinna (Avicenna) aus der Zeit um 1000 wurden zum Kanon der mittelalterlichen Medizin. Er empfahl die Mandel neben den bereits bekannten Indikationen auch zur Steigerung der Fruchtbarkeit. Seine Lehre fand große Verbreitung und bildet die bis heute gültige Basis der indischen Unani und Ayurveda Medizin. Letztere verwendet vor allem das Öl. Über die Handelsbeziehungen der Abbasiden verbreitete sich Avicennas Werk bis nach China.

Gemäß den antiken medizinischen Traditionen werden Arznei und Speise vereint. Als *Pasta amygdalarum*, Vorläufer des heutigen Marzipan, verabreichte man gestoßene (Bitter)Mandeln, meist gesüßt, zur allgemeinen Stärkung sowie – häufig in Kombination mit Gewürzen – zur Behandlung von fiebrigen Erkrankungen, Vergiftungen und chronischen Nervenleiden, pur oder zu einer Mandelmilch aufgelöst auch zur Geschmacksverbesserung von Arzneien. *Trochisci*, Kraftkekse aus Mandeln und heilkräftigen Gewürzen, empfiehlt der Arzt Valerius Cordus im 16. Jh. In einem Handbuch für Militär- und Marineärzte beschreibt William Cloves 1596 eine Kur gegen Skorbut aus Mandelmilch mit Löffelkraut und Brunnenkresse, Zucker und Rosenwasser. Bis ins 19. Jh. verwendete man Bittermandelöl zum Ausspülen von Wunden. Heute noch dient (Bitter)Mandelmilch als Kuhmilchersatz bei Neigung zu Milchschorf und Ekzemen, zur Vorbeugung gegen Blasen auf der Haut, als begleitende Behandlung von Ruhr, sowie als mildes Abführmittel. Auch *Syrupus amygdalarum* war ein probates und aromatisches Heilmittel, das wegen des Geschmackes gerne in der Kinderheilkunde Verwendung fand.

Mandeln sind Bestandteil der aus der traditionellen libanesischen Heilkunde stammenden Mischung *Zhourat* aus Pflanzen, Früchten und Samen, die von Syrien und dem Libanon ausgehend nunmehr in unterschiedlichen Zusammensetzungen weltweit verbreitet ist. Das beliebte Mittel dient der Behandlung von Erkrankungen des

Herz-Kreislauf-Systems, der Atemwege, der Haut, der Augen, des Verdauungstraktes, des Urogenitalsystems der Männer, des Nervensystems (u. a. Depression, Hyperaktivität, Migräne), sowie von Frauenleiden, Anämie, Diabetes und Hypercholesterinämie.

Die Wurzelrinde setzt die Heilunde bei unzureichender Gallensekretion und damit zusammenhängender Verstopfung sowie Hauterkrankungen ein. Die Homöopathie verwendet Wurzelextrakte bei Nierenproblemen, Hämorrhoiden und Rheuma.

In der Esoterik gilt der Mandelbaum als magische Hilfe bei Abhängigkeiten und Sucht. Gar nicht so abwegig im Sinne der Signaturenlehre, ist doch die – wegen ihrer Form so genannte – *Amygdala* (Mandelkernkomplex) eine Gehirnregion, die für die emotionale Verarbeitung von Situationen zuständig ist.

Das Harz ist seit der Antike in vielen Kulturen ein traditionelles Räuchermittel zur Desinfektion. Laut Plinius dem Älteren diente Mandelöl gemischt mit dem Harz des Balsambaumes zum Verfälschen von Myrrhe.

Mandeln sind reich an hochwertigen Fettsäuren, Eiweiß (20 %), Vitamin B1, B2, Folsäure und E, Calcium und Magnesium im richtigen Verhältnis zueinander, Kupfer, Mangan und Ballaststoffen. Mandeln wirken basisch und haben prebiotische Wirkung, d. h. sie sind Nahrung für Darmbakterien, die das Immunsystem und die Psyche unterstützen. Mandeln haben einen niedrigen glykämischen Index und daher kaum Einfluss auf den Insulinspiegel. Dieser Umstand und die hochwertigen Fette bedingen einen anhaltenden Sättigungseffekt, der für Gewichtsreduktionskuren genutzt wird. Zudem reduzieren Mandeln die Risikofaktoren für koronare Herzerkrankungen wie LDL-Cholesterin sowie diverse Lipoproteine und den Blutdruck. Die Aminosäure L-Arginin schützt die Blutgefäße. Weitere Inhalststoffe haben einen positiven Effekt auf die Knochendichte. Durch ihren Gehalt an Antioxidantien können sie auch vor anderen Zivilisationskrankheiten schützen. Interessanterweise entstehen beim Rösten von Mandeln sogar weitere antioxidative Substanzen. Apropos Rösten: Mandeln wurden einst zum Strecken von Kaffee verwendet.

Zu beachten ist allerdings die Möglichkeit einer Allergie sowie der Oxalsäuregehalt, vor allem bei Nierenentzündungen. Nach einer Behandlung mit Antibiotika kann in der Darmflora *Oxalobacter formigenes* fehlen, ein Bakterium, das Oxalsäure abbaut. Oxalsäure lässt sich mit Milchprodukten und anderen kalziumhaltigen Nahrungsmitteln binden; durch Einweichen über Nacht, Keimen, Überbrühen oder Schälen der Mandeln entfernen.

Mandeln enthalten Amygdalin. Süßmandeln haben einen geringen Gehalt an diesem Blausäureglykosid, das durch Erhitzen weitgehend zerstört wird. Rohe Bittermandeln hingegen sind mit Vorsicht zu genießen: Eine Bittermandel pro Kilogramm Körpergewicht ist tödlich, für Kinder genügen sechs bis zehn Stück. Allerdings bewahrt das intensive Aroma vor übermäßigem Verzehr. Laetril, ein Derivat von Amygdalin, wird seit 1845 in der Alternativmedizin als Mittel in der Krebstherapie eingesetzt. Die Wirkung ist allerdings nicht durch verlässliche Studien untermauert.

DAS ÄGYPTISCHE AUGE

Im Ägypten der Pharaonenzeit, bekannt für den ausgeprägten Hang zur Pflege und Verschönerung des Körpers, war Mandelöl Bestandteil von Kosmetika sowie von Duftölen für religiöse Zeremonien. Der Eyeliner für das charakteristische Augenmakeup enthielt gebrannte Mandeln. Plinius der Ältere gibt im 1. Jh. ein Rezept für ein duftendes Körperöl mit ägyptischem Bittermandelöl, das auch zum Einbalsamieren Verwendung fand.

Mischungen mit Mandelöl dienten im antiken Rom zur Behandlung von Falten und Aufhellung der Gesichtshaut. Dioskurides verordnete Bittermandelöl gegen Pigmentflecken. Es hat übrigens einen Sonnenschutzfaktor von 5. Al-Zahrawi (um 1000) verwendete u. a. Mandelöl in seinen *adhan* genannten Mischungen zu medizinischen und kosmetischen Zwecken. Im Mittleren Osten und in Asien kommt Mandelöl auch in der Haarpflege zum Einsatz. In Indien sind noch heute kosmetische Präparate nach uraltem Rezept erhältlich. Sie bestehen u. a. aus Mandelöl und Kurkuma, einer guten antioxidativen und antiseptischen Mischung, die von Bräuten beim Hochzeitsritual verwendet werden.

Der Gehalt der Mandeln an hormonwirksamen Substanzen wurde in Rezepten aus dem 19. und frühen 20 Jh. genutzt. Gemahlene Mandeln mit Hammel- und Rindertalg vermarktete man zur Brustvergrößerung, Mandelöl mit Tannin zur Bruststraffung.

Auch der Gebrauch der Schalen (Mandelkleie) als Maske für empfindliche Haut und natürliches Peeling mit Pflegeeffekt ist seit der Antike in vielen Kulturen üblich.

WIE MAN EINE MANDEL MELKT

Wer zum Aperitif Mandeln knabbert, befindet sich in guter Gesellschaft. Plutarch erzählt im 1. Jh. vom berüchtigt trinkfesten Drusus, Bruder des Tiberius, der einer sehr alten Tradition folgend Mandeln zu Hilfe nahm. Auch Athenaeus berichtet im 3. Jh. von der Sitte, Mandeln zum Wein zu reichen. Bittermandeln hängte man im antiken Rom in *sacci*, Gewürzsäckchen, in den Wein, damit sie Aroma und medizinische Eigenschaften abgeben. Rohe und geröstete Mandeln wurden in allen antiken Hochkulturen buchstäblich haufenweise in zahlreichen pikanten Gerichten genossen und waren Zutat der elaborierten Süßspeisen auf den üppigen Banketten. Nach dem Niedergang des Römischen Reiches blieben derartige Genüsse wohlhabenden Herrschern vorbehalten. Oder der Kirche: Im Mittelalter stellten Nonnen des Visitandine Ordens ein gleichnamiges rechteckiges Mandelgebäck her. Da die Form an Goldbarren erinnert, heißen die Küchlein heute *Financiers*. Teil der klassischen 13 Weihnachtsdesserts der Provence sind die *Quatre mendiants (Vier Bettelorden)*. Die Farben der Kutten werden repräsentiert durch Mandeln (Dominikaner), Feigen (Franziskaner), Wal- oder Haselnüsse (Karmeliter) und Rosinen (Augustiner). Die Nüsse und Früchte werden für diese traditionelle Speise einfach auf einem Teller arrangiert. Der Feinschmecker Rossini widmete den *Quatre mendiants* sogar eigene Kompositionen.

Erst an der Wende zur Renaissance entwickelt sich wieder eine Kultur des Konfekts, zunächst allerdings als eine Mischung von Zucker mit Gewürzen als vorbeugende oder therapeutische Hilfe gegen Verdauungsbeschwerden nach den damals weder besonders frischen noch ausgewogen zusammengesetzten Speisen. Aufmerksame Gastgeber verschenkten daher kleine Schachteln, häufig mit dragierten (mit Honig oder Zucker glasierten) Mandeln, die ihre Gäste vor dem Zubettgehen zu sich nahmen. Über die Herkunft des Begriffs *dragée* gehen die Meinungen auseinander. Manche sehen im griechischen *tragema* (lat. *tragemata),* Süßigkeit, den Ursprung. Andere erzählen, im antiken Rom wären dem Konditor Julius Dragatus (der verdächtig an *tragemata* erinnernde Name macht die Geschichte wenig glaubwürdig) Mandeln in den Honig gefallen. Mandeldragées im heutigen Sinn wurden ab 1200 den mächtigen Bischöfen von Verdun überreicht. Erfunden haben soll sie ein Apotheker dieser Stadt und als *diagragum* vertrieben haben. Zu jener Zeit hatten Kreuzritter bereits Zucker nach Europa gebracht, der als Medizin nur von Apothekern vertrieben werden durfte. Auch als Krokant (anfänglich mit Honig) dienten Mandeln als Genuss und Medizin zugleich. Der ursprüngliche medizinische Aspekt wird besonders deutlich in einem englischen Rezept mit Rettich aus dem 14. Jh. Besonders aufwändig serviert wurden in Zuckersirup getauchte Mandeln (auch eingelegte grüne) in der Haute Cuisine: in Füllhörnern mit kandierten oder karamellisierten Früchten oder als Teil des ursprünglichen *Croque-en-bouche* (= kracht im Mund), eine aus glasierten Mandeln zusammengesetzte hohe Hülle (heute aus Brandteigkugeln) mit Cremefüllung (z. B. *à la Royale* mit *Crème plombière*, das ist Marzipaneis mit Orangenblütenwasser und Marillenmarmelade).

Das Verschenken kandierter oder dragierter Mandeln soll bereits in der Antike üblich gewesen sein und ist noch heute in vielen Ländern zu Hochzeiten und Taufen Brauch. Die Mandeln stehen dabei für die süße und die bittere Seite des Lebens, sollten jedoch auch Glück,

Reichtum und ein langes Leben bringen. In Norwegen ist zu Hochzeiten das Füllhorn, *Overflødighedshorn,* Tradition. Aus Mandelteigringen zusammengesetzt enthält es kleine Geschenke oder Schnaps. Das Brautpaar hebt gemeinsam den Kuchen an der Spitze an. Die Zahl der Ringe, die an der Spitze hängenbleibt, gilt als Orakel für die Anzahl der zu erwartenden Kinder.

Im Jahr 1440 war die Zunft der französischen Konditoren bereits so mächtig, dass sie den Bäckern das Recht auf das Kuchenbacken entziehen konnten. Einige der damaligen Kreationen wie Mandel *Craquelins* und Marzipantäschchen existieren heute noch. Trifft man in klassischen Kochbüchern auf den Begriff *amandine*, ist damit eine Zubereitung mit Mandeln gemeint (meist in Butter geröstete Blättchen, mitunter eine Kruste). Beliebt war sie vor allem mit Fisch, Spargel, Fisolen und Kartoffel(krokette)n. Seit dem 17 Jh. belegt sind *Muskazinen*, ein Pilgergebäck in Form zweier Jakobsmuschelschalen, mit Muskat gewürzt. Als *Génoise* wird heute meist eine Biskuitmasse bezeichnet. Ursprünglich hieß die Erfindung aus dem 19. Jh. *Pain de Génes* und *Génoise* war eine Mandelmasse. Die Verbindung zu den Mandeln geht auf die Belagerung von Genua im Jahr 1800 zurück, während der die Bevölkerung angeblich nichts anderes zu essen hatte als 50 Tonnen Mandeln. Bis 1870 war die *Leipziger Lerche* eine beliebte Pastete mit dem Singvogel als Füllung. Nachdem Albert I. die Jagd verboten hatte, ersetzte eine Mandelfülle den Vogel, mit einer Kirsche als Symbol für sein Herz. Die *Esterházy Torte*, benannt nach einem Diplomaten Österreich-Ungarns, besteht aus dünnen Schichten Mandelteig gefüllt mit Buttercreme. Die Oberfläche ziert ein charakteristisches Muster aus dünnen Streifen Schokolademasse auf Fondantglasur, die mit einem Spieß zu Wellen gezogen werden. Unter *Dacquoise* versteht man eine Torte aus Mandel- und Haselnussmeringue mit Cremefüllung. Ein *Prinzessinnenkuchen* ist mit einer grünen Marzipanhülle versehen und heißt daher mancherorts *Froschkuchen. Tortas de aceite* sind dünne Mandelfladen mit Olivenöl, Sesam und Anis. *Simnel cake* ist ein traditioneller Osterkuchen aus dem britischen Raum mit Mandel- oder Marzipanfülle; dekoriert ist er mit Marzipankugeln (11 für die 12 Apostel minus Judas, 12 wenn Jesus dabei ist). In der spanischen Extremadura bäckt man aus Mandeln und Eicheln *Técula mécula*. Die *Torta caprese* ist ein sehr saftiger Mandelkuchen (da ohne Mehl) mit Schokolade, der als eines der glücklichsten Missgeschicke der Geschichte gilt, da er angeblich durch einen Bäcker »erfunden« wurde, der das Mehl vergessen hatte. Apropos Mehl: Mandelmehl besteht aus (teil)entölten gemahlenen Mandeln. Es fällt als Nebenprodukt der Ölherstellung an und wird gerne für glutenfreie und kohlenhydratarme Rezepte verwendet. Die Konsistenz ist gröber als die von Weizenmehl, die Teige werden saftiger, doch auch zerbrechlicher, wegen des Fehlens von Gluten (durch Ei, Frischkäse oder Leinsamen ausgleichbar). Für eine optimale Qualität schält, mahlt oder röstet man Mandeln erst kurz vor der Verwendung. Apropos blanchieren: Vielleicht haben Sie sich schon einmal über den Begriff aus dem Französischen für das Überbrühen von Nahrungsmitteln mit heißem Wasser gewundert, der »weiß machen« bedeutet. Er bezog sich ursprünglich auf diese Technik zum Entfernen der dunklen Schale der Mandeln, wodurch sie »weiß« werden.

Mandelöl muss kühl und dunkel gelagert werden. Es dient als Aroma für Salatdressings und Desserts, für heiße Gerichte wird es am besten kurz vor dem Servieren darübergeträufelt. In Indien verfeinert man Ghee (geklärte Butter) mit Mandelöl. Bittermandelöl ist das destillierte ätherische Öl der Bittermandel, das ein Marzipanaroma verleiht. Grüne Mandeln, noch vom Fruchtfleisch umhüllte Früchte mit weichem Kern, werden roh oder kurz gekocht als säuerliche Erfrischung genossen, auch wie grüne Walnüsse eingelegt (ursprünglich in Honig). Als *grün* bezeichnete unreife Kerne dienen als Knabberei und Garnierung.

Mandeln harmonieren besonders mit Petersilie, Kerbel, Pimpinelle, Rosmarin, Macis, Muskatnuss, Kardamom, Zimtblüte und -stange, Gewürznelken, Safran, Vanille, Tonkabohnen, Orangen- oder Rosenblütenwasser, Zitrusfruchtschalen (Orangen, Zitronen, Mandarinen), Kakao und Schokolade, Honig, Ahornsirup, Karamell, Kaffee, Rum, Weinbrand und Maraschino (aus Kirschkernen).

Wenn nicht anders angegeben, sind die Rezepte für 4 Personen berechnet und der Backofen auf Ober|Unterhitze eingestellt.

DIE MANDEL ALS EDLE BASIS

Mandelmilch

Frühe persische und arabische Zivilisationen waren die ersten, die Mandelmilch herstellten. Sie fanden selbstverständlich auch andere köstliche Verwendungsmöglichkeiten, doch keine andere Mandelspezialität fand so weitverbreitete Verwendung bis in die Gegenwart. Ihr rein pflanzlicher Ursprung machte sie auch als Fastenspeise beliebt. Besonders im Mittelalter war sie Bestandteil eines Großteils der Gerichte auf vornehmen Tafeln, nicht nur in Süßspeisen. Mandelmilch wurde als derart »alltägliche« Zutat betrachtet, dass viele Kochbücher ihre Zubereitung nicht beschrieben. Heute spielt sie eine besonders große Rolle in den veganen Küchen und bei Unverträglichkeiten gegen Bestandteile tierischer Milch.

Für eine Mandelmilch einfach 200 g ganze Mandeln (mit oder ohne Schale) 12 Stunden mit kaltem Wasser bedeckt einweichen. Mit 1 Liter heißem Wasser solange mixen, bis eine homogene Flüssigkeit entsteht. Durch ein mit einem Tuch ausgelegtes Sieb gießen. Mandeln gut auspressen und für Smoothies oder Müslis verwenden, getrocknet auch als Mehl.

In einer üppigeren Version ersetzt Milch das Wasser. Für eine gebrannte Mandelmilch die Mandeln zuvor rösten.

Mandelmus und Mandelbutter

Mandelmus, im Englischen als »Mandelbutter« bezeichnet, besteht aus rohen oder gerösteten Mandeln, mit oder ohne Stückchen. Dafür Mandeln im Mixer mit ein wenig Öl oder Wasser zur gewünschten Konsistenz pürieren. Mandelmus verfeinert Smoothies, Müsli, Salatdressings, Suppen, Saucen und Konfekt.
Für die Mandelbutter sehr fein gemahlene Mandeln mit weicher Butter im Verhältnis 1:1,5 zu einer Paste verkneten. Sie dient zum Montieren von Saucen und als Alternative zu Kräuterbutter.

Grüner Mandelmus-Smoothie für Zwei

1 EL Mandelmus • 2 Handvoll frischer Spinat • 250 ml Mandelmilch • 1 kleine Banane • 1 kleiner Pfirsich • 1 TL geschrotete Leinsamen • 1 Spritzer Zitronensaft

Alle Zutaten im Mixer pürieren. Sofort servieren.

Mandelsenf mit Marille

50 g Mandeln • 50 g Senfkörner • 60 ml Mandelsirup • 25 ml Mandellikör • 25 ml Sherryessig • 25 ml Portwein • 6 weiche Trockenmarillen • 1–2 TL Mandelöl • Salz • Chili nach Belieben

Alle Zutaten im Mixer zur gewünschten Konsistenz pürieren. In kleine Gläser füllen und mindestens 1 Tag reifen lassen. Kühl und dunkel aufbewahren.

Eingelegte grüne Mandeln

Eine außergewöhnliche Spezialität, die Vorspeisen und Desserts krönt.

250 g grüne Mandeln • Saft und etwas Schale von 1 Biozitrone • 50 g Honig • 1 Lorbeerblatt • ½ Stange Zimt

Den Pelz mit einem Tuch von den Früchten reiben. Früchte mehrfach anstechen und in ein Glas schlichten. Zitronensaft und -schale, Honig, Lorbeer und Zimt mit 180 ml Wasser aufkochen, abkühlen lassen, Gewürze entfernen. Mandeln mit dem Sud übergossen vor dem Genuss 2 Tage ziehen lassen. Kühl und dunkel lagern.

Mandelsaucen

Schon das *Kochbuch des Apicius* aus dem antiken Rom empfiehlt eine weiße Sauce aus Mandeln mit Gewürzen, Honig, Essig und Öl zu gekochtem Geflügel. Ähnliche Saucen, auch für Fisch und andere Fleischsorten, finden sich im gesamten Verbreitungsraum der Mandel, vor allem die einfachste Variante mit Knoblauch und Brot als Aromaspender und Bindemittel. Die bekannteste ist die *Picada* (siehe Seite 40) und die beiden folgenden.

Xató

Katalanische Mandelsauce 1

Jede katalanische Stadt entlang der Xatóroute hat ihr eigenes Rezept. Die Sauce wird häufig zu Endiviensalat mit Thunfisch, Anchovis, Stockfisch und Oliven serviert.

3 Knoblauchzehen • 125 ml Olivenöl • 50 g Mandeln • 50 g Haselnüsse • ½ gehäuteter Spitzpaprika • 1 gehäutete Tomate • 1 dünne Scheibe getoastetes Brot • 1–2 EL Sherryessig • Salz • 1 Prise Nyora Chili, ersatzweise eine andere mild-fruchtige Sorte • Paprikapulver

Knoblauch in Scheiben schneiden und in Öl anbraten. Alle Zutaten im Mixer zu einer cremigen Sauce pürieren.

Salsa Romesco

Katalanische Mandelsauce 2

Bei dieser Variante werden dieselben Mengen Mandeln und Nüsse wie bei Xató im Backofen bei 200 °C 15 Minuten hellgolden gebacken, Knoblauch und Brot in 4–5 EL Öl gebraten. Dazu kommen noch die gleichen Zutaten wie oben, jedoch ohne das Öl. Besonders fein zu *Calçots*, Frühlingszwiebeln aus Valls, die über offenem Feuer gegrillt und auf Dachziegeln serviert werden.

Sauce génoise

Genueser Sauce

Eine klassische Sauce, meist zu kaltem Fisch gereicht, doch auch sehr fein zu kalten Meeresfrüchten, kaltem Huhn oder Schwein.

20 g gemahlene Mandeln • 2 Dotter • Salz • Pfeffer • 250 ml Öl • Saft von ½ Zitrone • 1 EL fein gehackte Kräutermischung aus Petersilie, Kerbel, Estragon, Schnittlauch, wenn möglich Pimpinelle

Mandeln mit Dottern, Salz, Pfeffer, Öl und Zitronensaft im Mixer zu einer dicken Creme aufschlagen. Kräuter einrühren.

SALATE

Mandelsalat mit Orangen

Sommerlich leicht. Besonders fein zu gebratenem Huhn, das auch kalt auf dem Salat angerichtet werden kann.

2 filetierte Orangen • 4 EL geröstete Salzmandeln • 1 Prise Zucker • 1 Kopf knackiger Salat (z. B. Eisberg) • 2 TL Butter • 1 Stückchen feinstgehackte Knoblauchzehe • 1 Spritzer Zitronensaft • 1 EL gehackte Petersilie

Orangenfilets und Salzmandeln in der Salatschüssel dezent zuckern. Salat in mundgerechte Stücke zupfen und in die Schüssel legen. Butter mit Knoblauch verrühren und in einer kleinen Pfanne schmelzen. Zitronensaft einrühren. Mischung über den Salat gießen und alle Zutaten vermengen. Mit Petersilie bestreut sofort servieren.

Salat mit Mandarinen, Mandeln und Datteln

4 große filetierte Mandarinen • 8 große weiche Datteln ohne Stein • 2 feingehackte Frühlingszwiebeln • 1 Kopf Endiviensalat • 2 EL Mandelöl • 1 Spritzer Limettensaft • Salz • rosa Beeren aus der Mühle • 40 g geröstete Mandelblättchen • 40 g frisch gehobelter Parmesan • 1 EL feingehackte sehr junge Stangenselleriblätter

Mandarinenfilets samt Saft mit den zerkleinerten Datteln und den Frühlingszwiebeln mischen. Salat hinzufügen. Mandelöl, Limettensaft, Salz und rosa Beeren verrühren. Mit dem Salat mischen. Mit Mandelblättchen, Parmesan und Sellerieblättern bestreut servieren.

Grüner Spargelsalat mit Mandeldressing

Am besten lauwarm zu genießen.

40 g geröstete Mandeln • 40 g Parmesan • 30 ml Mandelöl • 2 Zweige frischer Thymian • Saft und Schale von ½ Biozitrone • Salz • Pfeffer • 800 g grüner Spargel • 2 TL Butter • 600 g kleine heurige Kartoffeln, gekocht und nach Belieben geschält • 2 EL geröstete Mandelstifte

Mandeln, Parmesan, Mandelöl, Blättchen von 1 Thymianzweig, Zitronensaft und -schale mit etwas Wasser pürieren. Mit Salz und Pfeffer abschmecken. Spargel in mundgerechte Stücke schneiden, in der Butter bissfest braten. Kartoffeln kurz mitbraten, salzen und pfeffern. Spargel und Kartoffeln mit dem Dressing beträufeln. Mit Thymian und Mandelstiften bestreut servieren.

SUPPEN

Mandeln dienen seit der Antike zum Veredeln und Binden von Suppen.

Ajoblanco

Kalte spanische Mandelsuppe

Die Stadt Almáchar in Málaga feiert jedes Jahr am 2. September ein Festival zu Ehren des »weißen Gazpacho«. In manchen Regionen Südspaniens trinkt man die (dünnflüssiger bereitete) Suppe zu *papa asá* (Ofenkartoffel). Eine warme Version aus Mandeln und Knoblauch in Fleisch- oder Hühnerfond diente vielerorts im Winter zur Vorbeugung gegen Erkältungen und Husten.

200 g Mandeln • 150 g Weißbrot ohne Rinde, altbacken • 1–3 Knoblauchzehen • 80 ml Olivenöl • 1 EL Sherryessig • Salz, Pfeffer • 150 g Muskatellertrauben

Die Mandeln in warmem Wasser einweichen, bis sich die Haut löst (bereits geschälte Mandeln 1 Stunde einweichen). Das Weißbrot in wenig Wasser aufweichen. Mandeln, Brot und geschälten Knoblauch pürieren. Das Öl bei laufendem Mixer nach und nach einarbeiten. Kaltes Wasser bis zur gewünschten Konsistenz einmixen. Mit Essig, Salz und Pfeffer abschmecken. Die Suppe mindestens 1 Stunde gut kühlen. Die Trauben halbieren, entkernen und auf die Suppe legen.

Grüne Bohnensuppe mit Mandeln

Auch mit Erbsen und Estragon anstelle der Bohnen hervorragend.

400 g grüne Bohnen • 800 ml gute Hühnerfond • 2 Dotter • Salz • Pfeffer • 50 g geröstete, grob gehackte Mandeln • 1 EL gehackter Schnittlauch

Die Bohnen im Fond bissfest kochen. Die Hitze möglichst weit reduzieren und die Dotter kräftig einrühren. Die Suppe unter dem Siedepunkt andicken lassen. Mit Salz und Pfeffer abschmecken. Kurz vor dem Servieren die Mandeln einrühren und Schnittlauch darüberstreuen.

HAUPTSPEISEN

Girolles aux abricots secs et amandes fraîches

Eierschwammerln mit Marillen

Salz • 400 g Eierschwammerln • 1 EL Butter • 1 feingehackte Zwiebel • 8 feingehackte Trockenmarillen • 3 EL Kirschbrand • 150 ml Hühnerfond • 20 frische geschälte Mandeln in Blättchen • 1 EL fein gehackter Kerbel • Saft von ½ Zitrone • 1 zarte Prise gemahlene Muskatnuss • Pfeffer

Einen Topf Wasser mit Salz aufkochen. Die Eierschwammerln darin einige Sekunden blanchieren, abtropfen lassen. Butter erhitzen. Zwiebel darin mit etwas Salz glasig dünsten. Marillen und Kirsch hinzufügen und 1 Minute unter stetem Rühren dünsten. Pilze und Suppe hinzufügen und bei sehr milder Hitze 6 Minuten ziehen lassen. Mandeln, Kerbel und Zitronensaft einrühren. Mit Muskatnuss, Salz und Pfeffer abschmecken.

Alcachofas en salsa blanca
Artischocken in Mandelsauce

In Spanien bereitet man dieses Gericht gerne mit Kardonen zu. Auch Schwarzwurzeln, grüner Spargel oder Mangoldstiele sind köstlich in dieser Sauce.

1 EL Mehl • 1 EL Olivenöl • 250 ml Hühnersuppe • 250 ml Milch • 1 gehackte Knoblauchzehe • 1 kleines Stück Biozitronenschale • 40 g gemahlene Mandeln • Salz • Pfeffer • 1 zarte Prise gemahlene Muskatnuss • 400 g gekochte Artischockenböden • etwas Fenchelgrün oder Kerbel

Das Mehl im Öl bei milder Hitze 30 Sekunden anschwitzen. Suppe, Milch, Knoblauch und Zitronenschale einrühren. Bei milder Hitze unter gelegentlichem Rühren andicken lassen. Zitronenschale entfernen, Mandeln einrühren. Mit Salz, Pfeffer und Muskatnuss abschmecken. Die Artischockenböden in der Sauce erwärmen. Mit Fenchel oder Kerbel bestreut servieren.

Grene Pesen Reale
Erbsen mit Mandeln und Safran

Speisen wie die Könige mit einem Gericht vom britischen Hof aus dem 15. Jh.

800 g junge Erbsen • 2 EL Petersilienblätter • 1 EL Minzeblätter • 400 ml Mandelmilch • 3 TL Zucker • 6 Safranfäden • 2 Dotter • Salz • Pfeffer

Erbsen in wenig Wasser weich kochen, abgießen. Einen Teil der Erbsen mit Petersilie, Minze und Mandelmilch pürieren. Restliche Erbsen, 1 TL Zucker und Safran einrühren. Aufkochen, Hitze reduzieren, Dotter, Salz und Pfeffer hinzufügen. Kurz sanft erwärmen, nicht kochen lassen. Mit dem restlichen Zucker bestreuen.

Dazu passt der klassische Reis aus Damaskus mit gerösteten Mandelsplittern oder der persische *Diamantenreis* (*Sereschk polo* mit Mandeln und Berberitzen).

Courgettes et fleurs aux amandes fraîches
Zucchini mit Blüten und frischen Mandeln

2 junge Zucchini • 100 g frische geschälte Mandeln • 1 EL Currypulver • Salz • Pfeffer • 4 Zucchiniblüten • 8 kleine weiße Zwiebeln, geschält • 3 EL Mehl • 1 l Öl zum Braten • Meersalzflocken • 15 g Butter • 75 g Speckstifte • 2 EL feingehackte Minzblätter

Von den Zucchini 6 mm breite Streifen mit Schale schneiden. Den Mittelteil anderweitig verwenden (z. B. für Suppe). Die Streifen in 6 mm große Würfel schneiden. Mit den Mandeln, Curry, Salz und Pfeffer mischen und durchziehen lassen. Die Blüten längs in 3 Teile schneiden. Blüten und Zwiebeln dünn mit Mehl bestäuben. Das Öl in einem kleinen Topf erhitzen. Die Zwiebeln darin 3 Minuten frittieren. Auf Küchenpapier abtropfen lassen. Mit Meersalzflocken bestreuen. 1 EL Mehl mit 10 EL kaltem

Wasser verrühren. Die Blüten mit diesem Teig überziehen und 2 Minuten frittieren. Auf Küchenpapier abtropfen lassen. Mit Meersalzflocken bestreuen. Die Butter schmelzen. Darin die Speckstifte bei Mittelhitze 3 Minuten unter häufigem Rühren braten. Zucchini und Mandeln einrühren. Bei starker Hitze unter gelegentlichem Rühren 3–4 Minuten bissfest braten. Mit Salz, Pfeffer und Curry abschmecken. Die Minzblätter einrühren. Die Zucchini-Mandelmischung in der Mitte der Teller anrichten, mit den Zwiebeln und Blüten umlegen.

Brunnenkresse mit Mandelmilch

Eine Fastenspeise aus dem 15. Jh. Falls Brunnenkresse und Kohlrabiblätter nicht verfügbar sind, können auch andere würzige Blattgemüse oder Spinat und Gartenkresse verwendet werden.

300 g Brunnenkresse • 100 g Kohlrabiblätter • Salz • 2 TL Olivenöl • 1 feingehackte Zwiebel • 200 ml Mandelmilch • Pfeffer • 2 EL Petersilie

Brunnenkresse und Kohlrabiblätter kurz in Salzwasser blanchieren, gut abtropfen lassen, grob hacken. Olivenöl erhitzen, Zwiebel darin glasig dünsten. Blätter einige Minuten mitbraten. Mit Mandelmilch aufkochen. Mit Salz und Pfeffer abschmecken. Mit Petersilie bestreut servieren.

Berenjenas al horno con almendras
Gefüllte Auberginen mit Mandeln

Ursprünglich aus der Küche des Kalifen von Bagdad.

2 Auberginen • 3 EL Olivenöl • 1 EL Weinessig • 1 TL Zucker • 1 gehackte Zwiebel • 100 g gemahlene Mandeln • 2 Eier • je 1 Prise gemahlener Kümmel und Zimt • 1 TL Oregano • Salz • Pfeffer • 2 EL gehackte Petersilie

Auberginen entstielen und längs halbieren. In einer ofenfesten Pfanne 150 ml Wasser mit 1 EL Olivenöl, Essig und Zucker mischen. Darin die Auberginen mit der Schnittfläche nach oben mit Deckel bei Mittelhitze 5–8 Minuten dämpfen. Sie sollen weich sein, doch nicht zerfallen. Den Backofen auf 180 °C vorheizen. Das Fruchtfleisch bis auf eine dünne Schicht auslöffeln und fein hacken. In einer zweiten Pfanne die Zwiebeln im restlichen Öl goldgelb braten. Mit dem Auberginenfleisch dünsten, bis die Flüssigkeit verdampft ist. Mit Mandeln, Eiern, Kümmel, Zimt, Oregano, Salz und Pfeffer mischen. Die Auberginen mit der Masse füllen und 20 Minuten backen. Mit Petersilie bestreut schön heiß servieren.

Ouva zuccate
Lombardischer Kürbis-Mandelauflauf

400 g Kürbisfleisch in kleinen Würfeln • Salz • 60 g Butter plus mehr für die Form • 100 g fein gemahlene Mandeln • 6 Eier • 100 g frisch geriebener Parmesan • 1 Prise Macis • weißer Pfeffer • krause Petersilie

Den Kürbis mit Salz und ein wenig Wasser weichdünsten, pürieren. Backofen auf 200 °C vorheizen. Eine feuerfeste Form mit 1 EL Butter ausstreichen. Kürbispüree mit 50 g Mandeln und 30 g Butter verrühren. Eier mit 50 g Parmesan mischen und in das Püree rühren. Mit Macis, Salz und Pfeffer abschmecken. Die Masse in der Form glattstreichen, restliche Mandeln und Parmesan darüberstreuen. Die noch vorhandene Butter in Flöckchen aufsetzen. Etwa 30 Minuten goldgelb backen. Sofort mit Petersilie bestreut servieren.

Pasta al forno con sardine e mandorle tostate

Überbackene Nudeln mit Sardinen

Eine gelungene Kombination, der die Düfte der sizilianischen Landschaft entströmen.

30 g frischer wilder Fenchel oder 40 g Fenchelgrün • Salz • 450 g Nudeln • 1 EL Rosinen • 4–5 EL Olivenöl • 1 fein gehackte Zwiebel • 3 Anchovisfilets • 30 g Pignoli • 1 EL Tomatenmark • 1 Prise gemahlener Safran • Pfeffer • 400 g frische Sardinenfilets • 45 g geröstete Semmelbrösel • 4 EL geschälte geröstete Mandelsplitter

Den Fenchel in 4–5 Litern Wasser mit Salz 10 Minuten kochen (Fenchelgrün 1 Minute), danach hacken. Die Nudeln im Fenchelwasser etwas fester als *al dente* kochen, abgießen. Rosinen 15 Minuten in kaltem Wasser einweichen, abgießen. 1 EL Olivenöl erhitzen. Die Zwiebel darin glasig schwitzen. Die Anchovisfilets hinzufügen und bei milder Hitze zergehen lassen. Mit dem Fenchel 5 Minuten unter gelegentlichem Rühren dünsten. Rosinen, Pinienkerne, Tomatenmark, Safran und Pfeffer einrühren. Sardinen in etwas Olivenöl beidseits zart anbraten. Backofen auf 180 °C vorheizen. Eine Auflaufform mit Olivenöl auspinseln. Den Boden der Form mit einer Schicht Nudeln bedecken. Eine Schicht Sauce darauf verteilen. Einige Semmelbrösel darüberstreuen. Mit einer weiteren Schicht Nudeln bedecken. Den Vorgang wiederholen, bis Nudeln und Sauce aufgebraucht sind. Die Sardinen mit der Hautseite nach oben darauflegen. Mit Mandeln und Semmelbröseln bestreuen. Sehr sparsam Olivenöl darüberträufeln. Im Ofen 20 Minuten backen. Vor dem Servieren einige Minuten ruhen lassen.

Cazuela de salmon

Lachs mit Mandeln

Eine Delikatesse aus dem 16. Jh.

1 kg Lachsfilet • 3 EL Verjus oder Orangensaft • 15 Safranfäden • Ingwer • Salz • Pfeffer • 80 g geschälte Mandeln • 20 g Pignoli • 3 EL Rosinen • 2 EL gehackte Petersilie • 1 TL Majoran • 1 TL gehackte Minze

Lachs mit Verjus, Safran, Ingwer, Salz und Pfeffer 15 Minuten dünsten. Restliche Zutaten hinzufügen und 10 Minuten weiterdünsten.

Als Variation Mandeln und Pignoli rösten und mit den Kräutern erst kurz vor dem Servieren über den Lachs streuen.

Pollo en pepitoria

Huhn in Mandelsauce

Ursprünglich bereitete man dieses Gericht mit alten Hennen zu, die keine Eier mehr legten, und nannte es daher *gallina en pepitoria.*

3 EL Olivenöl • 4 Hühnerkeulen mit Haut • Salz • Pfeffer • 1 gehackte Zwiebel • 200 ml trockener Weißwein • 350 ml Hühnersuppe • 1 Lorbeerblatt • 1 kräftige Prise Zimt • 2 hart gekochte Eier • 50 g geschälte Mandeln • 3–4 Knoblauchzehen • 1 kräftige Prise Safran • 2 EL gehackte Petersilie

In einer Pfanne, die die Keulen in einer Lage aufnehmen kann, 2 EL Olivenöl erhitzen. Die Keulen darin allseits zart anbräunen. Aus der Pfanne heben, salzen und pfeffern. In der Pfanne die Zwiebeln goldgelb rösten. Die Keulen wieder einlegen. Mit Wein und Suppe aufgießen. Lorbeer und Zimt hinzufügen. Die Keulen bei milder Hitze mit Deckel etwa 25 Minuten weichschmoren. Gelegentlich wenden. Mit Salz und Pfeffer abschmecken. Die Eier schälen, Dotter herausnehmen, Eiweiß fein hacken. Die Mandeln und ganzen Knoblauchzehen im restlichen Öl unter stetem Rühren rösten, bis die Mandeln zart, der Knoblauch etwas kräftiger gebräunt sind. Mit den Dottern und einigen Löffeln der Sauce pürieren. Die Paste und den Safran in die Sauce rühren. Weitere 10 Minuten oder länger schmoren, bis das Fleisch gar und die Sauce dick ist. Mit dem gehackten Eiweiß und Petersilie bestreut servieren.

Pollo con bogavante
Huhn mit Hummer in Mandel-Schokoladesauce

Eine besonders schöne Version des katalanischen *mar y montaña* (Meer und Berg) von Pepa Amyami, der Leiterin des kulinarischen Instituts Kataloniens. Wem der Hummer allzu luxuriös erscheint, ersetzt ihn durch Scampi.

1 Brathuhn • Salz • 2 EL Mehl • 4 EL Olivenöl • 2 gehackte Zwiebeln • 3 gehackte Tomaten ohne Haut • Pfeffer • 125 ml Weinbrand • 70 g geschälte geröstete Mandeln • 5 große Knoblauchzehen • 25 g Bitterschokolade • 3 EL gehackte Petersilie • 4 EL Sherry • Fleisch von 1 gekochten Hummer oder 10 geschälte Scampi • 2 feingehackte Frühlingszwiebeln

Das Huhn in 6–8 Stücke teilen, salzen, in Mehl wenden und im Öl allseits zart anbräunen. Aus der Pfanne heben und im Öl die Zwiebeln bei milder Hitze weich und hellgolden braten. Mit den Tomaten, Salz und Pfeffer bei starker Hitze 8–10 Minuten zu einer dicken Sauce kochen. Den Weinbrand erwärmen, anzünden und brennend in die Sauce gießen. Die Hühnerstücke einlegen. So viel Wasser zugießen, dass das Fleisch knapp bedeckt ist. Mit Deckel bei milder Hitze 20–30 Minuten schmoren. Die Bruststücke nach 15 Minuten herausheben, damit sie nicht übergaren. Für die *Picada* die Mandeln mit Knoblauch, Schokolade, Petersilie und Sherry pürieren. In die Hühnersauce rühren; 5 Minuten sanft köcheln. Hühnerbrüste und Hummer oder Scampi einlegen und kurz erwärmen. Mit Frühlingszwiebeln bestreut servieren.

Kofta Kari

Indische Fleischbällchen mit Mandeln gefüllt

16 geschälte Mandeln • ½ TL Safranfäden • 650 g faschiertes Rind oder Lamm • 1 feinst gehackte Zwiebel • 1 Dotter • 5 EL Kichererbsenmehl • 2 EL Koriandergrün oder Petersilie • 1 EL feinst gehackter Ingwer • 1 EL Garam masala • 1 Prise Cayennepfeffer • 1 TL Salz • 500 ml Öl zum Braten

Die Mandeln mit kaltem Wasser bedeckt 4 Stunden einweichen. Den Safran in 1 EL kochendem Wasser 10 Minuten ziehen lassen. Das Fleisch mit Zwiebel, Dotter, 3 EL Kichererbsenmehl, Koriander und den Gewürzen sorgfältig verkneten. Die Masse in 16 Portionen teilen. Jede Portion um jeweils 1 abgetropfte Mandel zu einem Bällchen formen. Aus dem restlichen Kichererbsenmehl mit etwa 1½ EL kaltem Wasser einen dicken Teig anrühren. Die Bällchen rundum mit dem Teig überziehen und auf Backpapier legen. Das Öl erhitzen und die Bällchen in mehreren Partien 3–4 Minuten rundum kräftig bräunen, doch nicht vollständig garen. Auf Küchenpapier abtropfen lassen.

3 EL Ghee • je 1 fein gehackte Zwiebel und Knoblauchzehe • 200 g gehackte Tomaten • 1 Prise Kurkuma • 1 Prise Kreuzkümmel • 100 ml Joghurt • Salz • 3 EL gehacktes Koriandergrün

Ghee erhitzen, Zwiebel und Knoblauch darin unter stetem Rühren 7–8 Minuten goldbraun braten. Tomaten, Kurkuma und Kreuzkümmel 5–7 Minuten mitschmoren.

Joghurt, Salz und – je nach Wassergehalt der Tomaten – etwa 100 ml Wasser einrühren. Die Sauce aufkochen, die Bällchen einlegen, Koriander darüberstreuen. Mit Deckel bei milder Hitze 10 Minuten garen. Mit Reis servieren.

Albóndigas en salsa con picada de almendras
Fleischbällchen in Mandelsauce

Ein beliebter spanischer Klassiker.

80 g altbackenes Weißbrot ohne Rinde • 400 g Faschiertes (ideal: Kalb) • 1 besonders fein gehackte Zwiebel • 1 zerdrückte Knoblauchzehe • 1 Ei • 1 gehäufter EL fein gehackte Petersilie • Salz • Pfeffer • 2–3 EL Mehl • Öl zum Frittieren • 40 g gemahlene Mandeln • 3 Knoblauchzehen • 2 EL Olivenöl • 200 ml Hühnersuppe • 180 ml fruchtiger Weißwein • 1 kräftige Prise Safran • Schale von 1 kleinen Biozitrone • 2 TL Zucker

Das Brot 5 Minuten in etwas Wasser einweichen, danach gut ausdrücken. Faschiertes, Zwiebel, Knoblauch, Ei, Petersilie, Salz und Pfeffer gut vermischen. Aus der Masse walnussgroße Bällchen formen, gründlich im Mehl wälzen. In einer großen Pfanne gut fingerhoch Öl erhitzen. Die Bällchen darin 2–3 Minuten leicht anbräunen, doch noch nicht durchgaren. Mandeln und Knoblauch im Olivenöl anbraten, pürieren. Mit Suppe, Wein, Safran, Zitronenschale, Zucker, Salz und Pfeffer in einer großen Pfanne erhitzen. Fleischbällchen einlegen und mit Deckel bei sehr milder Hitze 20 Minuten dünsten.

Blancmanger

Weiße Speise

Der wohl am weitesten verbreitete Klassiker unter den Mandelspeisen, von der Geoffrey Chaucer in seinen *Canterbury Tales* schwärmt (damals noch in der Urversion mit Fleisch), Leonardo da Vinci meint, sie mache verrückt, und die Escoffier (in der rezenteren, d. h. fleischlosen, Variante) als eine der besten Süßspeisen empfindet. Der Name zählt in historischen Kochbüchern wohl zu den am häufigsten verballhornten, von denen *Blamage* mein Favorit ist. Der älteste Beleg stammt aus dem 13. Jh. Ursprünglich bereitete man Blancmanger aus Kapaun oder anderem (Wild) Geflügel, (Mandel)Milch, Reis und Zucker als Krankennahrung, mit Fisch und Mandelmilch als Fastenspeise, gewürzt wurde mit Safran und Zimt. Das Gericht blieb in der Türkei bis heute als *Tavuk göğsü* erhalten. Im 17. Jh. wandelte sich das Rezept zu einer fleischlosen Creme, die zunächst mit Obers und Ei, später mit Hausenblase oder anderer Gelatine, und ab dem 19. Jh. mit Stärke gebunden wurde. Die englische Speise gleichen Namens ist übrigens ein Milchpudding ohne Mandeln. Escoffier merkt an, dass man beim Servieren in kleinen Schalen den Gelatineanteil verringern kann, wodurch die Speise feiner wird. Carême empfiehlt, der Masse kurz vor dem Erstarren ¼ ihres Volumens an halbfest geschlagenem Obers beizumengen. Man findet Variationen mit Früchten und Likören oder als festliche *Blancmangers rubannés*, Lagen von unterschiedlichen Farben und Aromen wie Früchte, Schokolade oder Likör. Hier eine vegane Version.

500 ml Mandelmilch • 40 g Zucker • 10 g Agar-Agar • Mark von ½ Vanilleschote • 1 Prise Salz • 1 Prise Kardamom • 1 Tropfen Bittermandelöl nach Belieben

Mandelmilch, Zucker, Agar-Agar, Vanille und Salz unter stetem Rühren aufkochen; 3 Minuten bei milder Hitze köcheln. Kardamom und Bittermandelöl einrühren. Masse in kleine Förmchen füllen und 4 Stunden kühlen. Zum Servieren die Förmchen kurz in heißes Wasser tauchen und auf die Teller stürzen.

Bienmesabe
Mandelcreme

Der Name bedeutet »schmeckt mir gut«. Die üppige Creme serviert man mit in Süßwein getauchten Biskotten, zu Eiscreme und Kuchen oder streicht sie auf Brot. Die Creme ist im Kühlschrank einige Tage haltbar.

125 g Zucker • ½ Zimtstange • 125 g gemahlene Mandeln • 1 Tropfen Mandelessenz • etwas geriebene Biozitronenschale • 5 Dotter

Zucker und Zimtstange mit 125 ml Wasser aufkochen. Zimt entfernen, Mandeln hinzufügen und unter stetem Rühren bei milder Hitze etwa 7 Minuten zu einer dicken Creme kochen. Vom Herd nehmen. Mandelessenz, Zitronenschale und Dotter einrühren. Bei milder Hitze unter stetem Rühren wieder erwärmen, bis die Creme beinahe kocht. Abkühlen lassen und servieren oder in verschließbare Gläser abfüllen.

Granita di mandorle
Mandelsorbet

Auf Mallorca genießt man dieses Sorbet unter dem Namen *Helado de almendras* gerne mit einer Spezialität der Insel: der weithin berühmten *Ensaïmada*, einem Schmalzgebäck. Obwohl das Eis kein Obers enthält, ist es wunderbar cremig.

125 g geschälte Mandeln • 150 g Zucker • 1 Tropfen Vanilleessenz • 1 Tropfen Mandelessenz

Die Mandeln möglichst fein mahlen. Zucker mit 500 ml Wasser unter gelegentlichem Rühren erwärmen, bis sich der Zucker auflöst. Mandeln hinzufügen und die Mischung aufkochen. Vom Herd nehmen, Vanille- und Mandelessenz einrühren. Die abgekühlte Masse in Eiswürfelbehältern mit Frischhaltefolie bedeckt frieren. Die Mandeleiswürfel im Mixer zu einer cremigen Masse zerkleinern. Sofort naschen oder in einer Schüssel bzw. kleinen Schälchen mit Frischhaltefolie bedeckt frieren und 5–10 Minuten vor dem Servieren antauen lassen.

Tortoni

Mandeleis mit Amarenakirschen

1 Eiklar • 1 Prise Salz • 3 EL Zucker • 125 ml Schlagobers • 50 g geschälte gemahlene Mandeln • 1 Prise gemahlene Zimtblüten • 2 EL Amarenakirschen

Eiklar mit Salz steif schlagen. Die Hälfte des Zuckers einschlagen. Schlagobers mit restlichem Zucker steif schlagen. Beide Massen mit den Mandeln und Zimtblüten sanft mischen. In kleinen Förmchen 3 Stunden frieren, stürzen und mit Amarenakirschen garniert servieren.

Churchkhela

Georgische Mandelkerzen

Diese nahrhafte Nascherei ist im gesamten Nahen Osten beliebt. Früher diente sie auch als Wegzehrung für Reisende und Krieger. Sie ist ein Beweis dafür, dass Georgier nicht nur Walnüsse und Granatäpfel essen. Über Nacht eingeweichte Mandeln werden – mitunter mit Rosinen – auf lange Schnüre aufgezogen, die wie gezogene Kerzen mehrfach in eine heiße Mischung aus mit Mehl eingedicktem Traubenmost getaucht werden. Danach trocknen sie etwa 1 Woche an einem Balken hängend in der Sonne.

Gajar Halva

Mandel-Karottendessert

In Indien dekoriert man Gajar Halva zu besonderen Anlässen mit essbarem Blattsilber.

250 g geraspelte Karotten • 500 ml Milch • 125 ml Kaffeeobers • 125 g Vollrohrzucker • 100 g geriebene Mandeln • 2 EL Ghee • ½ TL gemahlene Kardamomsamen • 4 EL geröstete Mandelstifte

Die Karotten mit Milch und Obers in einem großen Topf bei Mittelhitze 1 Stunde unter gelegentlichem Rühren auf die Hälfte einkochen. Mit dem Zucker weitere 10 Minuten kochen. Die Hitze möglichst weit reduzieren. Geriebene Mandeln und Ghee hinzufügen und 10 Minuten unter Rühren zu einem dicken Brei kochen. Kardamom einrühren und die Masse auf eine große Servierplatte häufen. Mit den Mandelstiften bestreut warm oder bei Zimmertemperatur servieren.

Firni

Milchpudding mit Mandeln

Viele der heute noch verbreiteten Varianten dienten seit der Antike von Rom bis China auch der Heilung, vor allem von Atemwegserkrankungen. Ein sehr ähnliches Dessert mit dem Namen *Khir* verwendet anstelle der Reisstärke ganze Reiskörner. In Persien war *Sheer berenj* mit Zimt und Kardamom gewürzt. In der Türkei serviert man es unter dem Namen *Sutlach* zu Hochzeiten, als Symbol für das bevorstehende süße Leben des Brautpaars. Sephardische Juden brechen mit *Malabi* traditionell das Fasten am Yom Kippurtag und genießen es zu

Shavuot, dem *Fest der Rosen*. Da nach den jüdischen Speisenvorschriften der Genuss von Milch nach Fleischgerichten verboten ist, wird dieses Dessert häufig mit Mandelmilch zubereitet. Die im Original verwendete Menge an Rosenwasser gibt ein – für manche allzu – intensives Aroma. Am besten tastet man sich mit kleinen Portionen an das gewünschte Maß heran.

1 l (Mandel)Milch • 3 EL Reisstärke • 100 g Zucker • 1½ EL Rosenwasser • 1 EL Ghee • 30 g Mandelblättchen

Die Milch bei Mittelhitze 30 Minuten unter gelegentlichem Rühren kochen. Die Reisstärke und den Zucker hinzufügen. Weitere 10 Minuten kochen. Die Masse soll einen Löffel dick überziehen. Vom Herd nehmen, das Rosenwasser einrühren. Den Brei in eine flache Form gießen und gleichmäßig verstreichen. Ghee sehr heiß werden lassen. Die Mandelblättchen darin unter stetem Rühren bei Mittelhitze 2–3 Minuten goldbraun rösten. Auf Küchenpapier abtropfen lassen und über den Pudding streuen. Mindestens 4 Stunden kühlen.

Panellets de piñones
Mandelkonfekt mit Pignoli

Die klassische Nascherei zu Allerheiligen in Italien. Mit einigen Bittermandeln oder -essenz entsteht aus der Masse *mazapán* (Marzipan).

200 g gemahlene Mandeln • 150 g Staubzucker • Schale von 1 Biozitrone • 1 zarte Prise Zimt optional • 1 Eiklar • 200 g Pignoli

Mandeln mit Zucker, Zitronenschale und 2½ EL Wasser im Mixer zu einer elastischen Paste mixen. In Frischhaltefolie mindestens 1 Stunde kühlen. Ein Backblech mit Backpapier auslegen. Backofen auf 200 °C vorheizen. Kleine Kugeln formen, im leicht geschlagenen Eiklar wenden und die Pignoli rundum sanft in die Oberfläche drücken. Fertige Kugeln auf das Backpapier legen und 10 Minuten goldgelb backen. Erst nach dem Erkalten vom Blech nehmen.

Ciarduna

Mandelröllchen mit Ricottafülle

Das traditionelle Gebäck stammt aus Palermo. Früher wickelte man den Teig über Abschnitte eines ausgedienten Besenstiels. Ähnliche Röllchen gibt es auch frittiert mit Marzipan-Ricottacreme: *Cannoli.*

250 g Mehl • 115 g Zucker • 50 g Schweineschmalz • 2 TL Backpulver • 1 Prise Salz • 1 Eiklar • 150 g Ricotta • Mark von 1 Vanilleschote • 25 g Honig • 125 g geröstete, grob gemahlene Mandeln

Mehl, 65 g Zucker, Schmalz, Backpulver und Salz zu einem glatten Teig kneten und 20 Minuten rasten lassen. Backofen auf 180 °C vorheizen. Ein Backblech mit Backpapier auslegen. Teig 3 mm dick ausrollen und in Streifen schneiden. Auf Schaumrollenformen aufziehen, mit Eiklar bestreichen und hellgolden backen. Abgekühlt mit einer Drehbewegung von den Formen lösen. Ricotta mit restlichem Zucker und Vanille verrühren. Die Röllchen damit füllen. Honig mit ein wenig Wasser mischen. Röllchen damit bepinseln und in den Mandeln wälzen.

Mandelmakronen

Nicht zu verwechseln mit den *Macaro(o)ns*, den bunten kleinen Doppeldeckern mit Cremefüllung, deren Vorläufer bereits im 8. Jh. in venezianischen Klöstern gebacken wurden. Mandelmakronen existieren weltweit in unzähligen Varianten unter noch unzähligeren Bezeichnungen. Sie unterscheiden sich lediglich im Verhältnis von Mandeln zu Zucker, der Verwendung bitterer oder süßer, roher oder gerösteter Mandeln und hinsichtlich der zugesetzten Aromen. Am bekanntesten sind die (bitteren) *Amaretti*, den nettesten Namen tragen die *Bruttibuoni* (= hässlich aber gut), kleine unregelmäßige Häufchen mit gerösteten Mandeln. Mit Honig anstelle des Zuckers werden die Makronen zu *Ricciarelli*. Nach demselben Rezept lassen sich Marzipanmakronen zubereiten. Einfach die Mandeln durch klein geschnittenes Marzipan ersetzen.

200 g gemahlene (geröstete) Mandeln • 150–200 g Zucker • 2–3 Eiklar • (Bitter)Mandellikör oder -essenz • 1 Prise Salz • ½ TL geriebene Zitronenschale • 1 Prise Zimt nach Belieben

Den Backofen auf 160 °C vorheizen. Ein Backblech mit Backpapier auslegen. Die Mandeln mit 120 g Zucker mischen. Eiklar mit dem restlichen Zucker, Mandellikör oder -essenz, Salz, Zitronenschale und Zimt steif schlagen. Die Mandeln einfalten. Die Masse in kleinen Häufchen auf das Blech setzen oder mit dem Spritzsack Stangen, Sterne und Arabesken dressieren. 20 Minuten goldgelb, doch noch saftig backen.

Polvorones

Mürbe Mandelkekse

Auch mürbe Mandelkekse finden sich in zahlreichen Versionen unter unzähligen Namen von den *Ghoriba* des Mittleren Ostens bis zu den klassischen Vanillekipferln, die es in Griechenland in einer Riesenversion gibt, *Kourabiedes*. Falls sie dekoriert werden, sind Nüsse oder kandierte Früchte die Favoriten. Als Aroma dienen je nach Region Zimt, Vanille, Kardamom, Zitrusfruchtschalen, Rosen- oder Orangenblütenwasser. Hier meine eigene Version.

100 g gemahlene Mandeln • 250 g Mehl • 200 g Butter • 80 g Zucker • Schale von ½ Biomandarine • je 1 Prise gemahlene Tonkabohnen und Zimtblüten • 1 zarte Prise Salz • Staubzucker zum Wenden, nach Belieben aromatisiert

Alle Zutaten rasch zu einem glatten Teig verkneten und 30 Minuten kühl rasten lassen. Backofen auf 180 °C vorheizen. Ein Backblech mit Backpapier auslegen. Den Teig zu kleinen Halbkugeln, Stangen oder Kipferln formen und etwa 20 Minuten hell backen. Nach Belieben noch heiß in Staubzucker wenden.

Cornes de Gazelle
Kipferln mit Mandelfülle

Wie Claudia Roden im *Buch der jüdischen Küche* erzählt, dürfen diese legendären marokkanischen *Gazellenhörner* in ganz Nordafrika bei keiner jüdischen Feier fehlen. Das elegante Gebäck passte sicherlich auch auf eine Tafel des Kalifen. Der knusprige Teig umhüllt eine nicht zu süße Füllung.

500 g Mehl • 2 Eier, leicht verschlagen • 125 ml Pflanzenöl • 6–8 EL frisch gepresster Orangensaft • Mehl für die Arbeitsfläche, reichlich Staubzucker zum Bestreuen

Für den Teig Mehl, Eier und Öl sorgfältig mischen; gerade ausreichend Orangensaft einarbeiten, um einen weichen, formbaren Teig zu erhalten. In Frischhaltefolie ½ Stunde rasten lassen.

350 g gemahlene Mandeln • 200 g Zucker • 1 Ei, leicht verschlagen • 1 Dotter • Schale von 1 Biozitrone oder -orange • 1–2 Tropfen Vanilleextrakt

Für die Füllung Mandeln, Zucker, Ei, Dotter, Zitrusfruchtschale und Vanille mischen. Den Backofen auf 190 °C vorheizen. Ein Backblech mit Backpapier auslegen. Den Teig portionsweise auf einer bemehlten Fläche möglichst dünn ausrollen, in Quadrate mit 10 cm Seitenlänge schneiden. Aus der Fülle fingerlange kleine Würstchen formen und diagonal etwa 1 cm von den Ecken entfernt auf die Teigquadrate legen. Den Teig über die Fülle falten (ein breites Messer hilft beim Anheben), aufrollen und die Rollen so zu Halbmonden formen, dass die Teigecken jeweils an die Außenseite des Bogens zu liegen kommen. Die Kipferln etwa 30 Minuten backen, bis sie gerade Farbe annehmen. Erst nach dem Erkalten vom Blech heben und vollständig in Staubzucker tauchen.

Mandelbrodt
Mandelzwieback

Dieses vor allem bei den osteuropäischen Juden beliebte Gebäck, reichte man vor allem am Sabbat und als Proviant für Rabbis und Kaufleute auf Reisen. Es ist wegen des höheren Gehalts an Fett weicher als die sehr ähnlichen italienischen *Biscotti* und *Cantuccini (mit gerösteten Nüssen).* Köstlich auch mit ein wenig Rosmarin.

100 g Zucker • 4 Eier • 1 Prise Salz • 120 ml Öl • Vanilleextrakt und Mandelextrakt nach Belieben • 400 g Mehl • 2 TL Backpulver • 100 g gehackte Mandeln • 50 g Staubzucker • 1 Prise Zimt

Zucker, Eier, Salz, Öl und Extrakte kräftig verrühren. Mehl, Backpulver und Mandeln einrühren. Teig einige Stunden kühl rasten lassen. Backofen auf 180 °C vorheizen. Backblech mit Backpergament belegen. Teig zu 4 eher flachen Laiben formen und 20–25 Minuten goldgelb backen. Nach dem Abkühlen schräg in kleinfingerdicke Scheiben schneiden, mit Staubzucker und Zimt bestäuben und weitere 5–10 Minuten knusprig backen.

Tarta de Santiago

Jakobskuchen

Der mit dem Kreuz des Ordens von Santiago geschmückte Kuchen stärkt Pilger und Touristen. Ursprünglich war die *tarta* ein jüdischer Pessachkuchen, den die im 12. und 13. Jh. aus Andalusien vor den Almohaden flüchtenden Juden nach Galizien mitbrachten. In Navarra ist der Kuchen mit Marillenmarmelade glasiert.

Butter und Mehl für die Form • 250 g Feinkristallzucker • 6 Eier • 250 g geschälte gemahlene Mandeln • Schale von je 1 unbehandelten Zitrone und Orange • 1 kräftige Prise Zimt • 4 Tropfen Mandelessenz • Vanilleessenz nach Belieben • Staubzucker zum Bestreuen

Backofen auf 180 °C vorheizen. Eine Tortenform buttern und mit Mehl ausstauben. Zucker mit Dottern hellgelb schlagen. Mandeln, Zitrusfruchtschale, Zimt, Mandelessenz und Vanille einrühren. Eiklar steif aufschlagen und unter die Mandelmasse heben. Gleichmäßig in die Form füllen und etwa 40 Minuten backen. Der Kuchen soll sich fest anfühlen. Abgekühlt aus der Form nehmen. Nach Belieben eine Papierschablone für das Santiagokreuz oder ein anderes Motiv auf den Kuchen legen, Staubzucker darüberstreuen und die Schablone vorsichtig abheben.

Torrone

Mandelnougat mit Feigen

Ein Rezept aus den Abruzzen. Auch mit Datteln köstlich.

200 g Honig • 250 g geschälte Mandeln • 250 g geröstete Haselnüsse • 150 g getrocknete Feigen • 200 g Zartbitterschokolade • 200 g Zucker • 3 Eiklar • Oblaten oder Konfektmanschetten

Den Honig im Wasserbad 1 Stunde bei milder Hitze eindicken. Mandeln und Haselnüsse grob hacken, Feigen in kleine Stücke schneiden. Schokolade in kleine Stücke brechen. 5 EL Zucker mit 5 EL Wasser erwärmen, bis der Zucker sich aufgelöst hat. Schokolade darin bei milder Hitze unter häufigem Rühren schmelzen. Restlichen Zucker mit 3 EL Wasser zu einem dicken Sirup kochen. Eiklar zu steifem Schnee aufschlagen. Schokolade, Zuckersirup, Mandeln, Nüsse und Feigen mit dem Honig mischen. Eischnee unterziehen. Masse zwischen Oblaten erstarren lassen (siehe Turrón) oder mit einem Löffel abstechen und in Konfektmanschetten setzen.

Turrón de Alicante

Weißer Mandelnougat

Die Spezialität kam vermutlich mit den Mauren nach Spanien, wo sie besonders zu Weihnachten auf keinem Tisch fehlen darf. Ursprünglich enthielt sie keinen Zucker, der erst ab dem 15. Jh. (für Betuchte) verfügbar war. Für den weichen *Turrón de Jijona* (*Turrón blando*) wird der fertige Turrón de Alicante (*Turrón duro*) pulverisiert und zu einer marzipanartigen Masse verknetet. *Turrón de yema* stellt man mit Dottern her.

Oblaten • 500 g Zucker • 250 g heller Honig • 2 Eiklar • 1 Prise Salz • Abrieb von ½ Bio-Orange • 1 Prise Zimt • 300 g geschälte Mandeln, zart geröstet

Eine etwa 25×18 cm große Form mit Backpapier und Oblaten auslegen. Zucker mit 150 ml Wasser unter gelegentlichem Rühren erhitzen und 4 Minuten kochen. Den Honig einrühren und 5–10 Minuten zu einem Sirup kochen (Zuckerthermometer 150 °C). Den Topf in kaltes Wasser tauchen, um den Kochprozess zu beenden. Eiklar mit Salz steif aufschlagen. Weiterschlagen und den Sirup in dünnem Strahl einarbeiten. Masse weitere 15 Minuten schlagen. Orangenschale, Zimt und Mandeln einrühren. Mit Oblaten belegen, mit Backpapier bedecken.

Ein Brett darüberlegen und beschweren. Die Masse über Nacht erstarren lassen. Aus der Form heben und in Stücke schneiden. Mit Zwischenlagen von Backpapier in einer Dose luftdicht kühl aufbewahren.

Helado de turrón

Spanisches Nougateis

600 ml Schlagobers • 50 g Feinkristallzucker • 300 g Turrón de Jijona • kandierte Früchte als Dekor

Das Obers halbfest schlagen. Mit dem Zucker und dem zerbröckelten Turrón zu einer homogenen Masse weiterschlagen. Mindestens 4 Stunden frieren lassen. Mit Früchten garniert servieren.

Badam Pistaz Barfi

Konfekt aus Mandeln und Pistazien

Die Kombination von Mandeln und Pistazien ist im Orient sehr beliebt.

1 EL Ghee • 800 ml Milch • 180 g Zucker • 100 g gemahlene Mandeln • 100 g gemahlene Pistazien • einige Tropfen Mandelextrakt • Vanille oder Zimt oder Orangenblütenwasser

Eine quadratische Form mit 20 cm Seitenlänge mit Ghee fetten. Die Milch 35 Minuten unter häufigem Rühren zu obersartiger Konsistenz einkochen. Mit dem Zucker 10 Minuten unter stetem Rühren weiterkochen. Mit den Mandeln und Pistazien weitere 10 Minuten unter Rühren kochen. Die Masse soll sich vom Topfrand lösen. Vom Herd nehmen und Mandelextrakt sowie Gewürze nach Belieben einrühren. Die Masse gleichmäßig in die Form streichen. Abkühlen lassen. Nach 30 Minuten die Masse in kleine Würfel oder Rhomben schneiden. Beim weiteren Abkühlen verfestigen sich die Stücke.

Nach Wunsch können in die noch weiche Masse Mandelsplitter, kandierte Früchte oder Blüten als Dekor sanft hineingedrückt werden.

Florentiner

130 g Zucker • 130 g Butter • 50 g Honig • 50 ml Schlagobers • 90 g Mandelblättchen • 50 g kandierte Früchte in kleinen Stücken • 150 g Bitterschokolade

Den Backofen auf 140 °C vorheizen. Ein Blech mit Backpapier auslegen. Zucker, Butter, Honig und Obers unter Rühren dick einkochen. Mandelblättchen und kandierte Früchte einrühren. Noch warm dünn auf das Backpapier streichen und 15–20 Minuten goldgelb backen. Noch warm Scheiben ausstechen (die Zwischenstücke zu Konfektbällchen rollen). Bitterschokolade im Wasserbad schmelzen und die Unterseite der abgekühlten Florentiner damit überziehen.

Galette des Rois à la Frangipane
Dreikönigskuchen

Viele solcher Delikatessen brachte Catharina de Medici nach Frankreich, darunter eine Mandelcreme namens *Frangipane* (= Brot brechen), die auf das gleichnamige Adelsgeschlecht zurückgehen soll und als Füllung für zahlreiche traditionelle Spezialitäten dient. Wer die eingebackene Figur findet, ist König für diesen Tag und darf die Krone tragen. Ähnlich ist der *Jésuite*, dessen dreieckige Form an die Hüte der Jesuiten erinnert.

125 g fein gemahlene Mandeln • 100 g Butter • 125 g Staubzucker • 1 Prise Zimt • 1 zarte Prise Salz • 2 Eier • 2 EL Rum • 1 EL (Bitter)Mandelessenz • 400 g Blätterteig • 1 Porzellanfigur oder Bohne • 1 Dotter zum Bestreichen • 1 Krone als Dekor

Die Mandeln in ein wenig Butter unter stetem Rühren zart bräunen, abkühlen lassen, mit Zucker, Zimt und Salz mischen. Die restliche Butter mit Ei, Rum und Mandelessenz kräftig verrühren. Die Mandelmasse unterheben und 30 Minuten kühlen.

Aus dem Blätterteig 2 Kreise im Durchmesser der Backform schneiden. Die Backform mit Backpapier auslegen, darauf einen der Teigkreise platzieren. Die Mandelmasse auf dem Teig verteilen, dabei gut 1 cm Rand freilassen. Die Figur oder Bohne in die Füllung drücken. Den Teigrand mit ein wenig Wasser bestreichen. Den zweiten Teigkreis auflegen und gut festdrücken. Den Kuchen 1 Stunde kühlen.

Den Backofen auf 200 °C vorheizen. Die Kuchenoberfläche mit Dotter bestreichen. Mit einem spitzen Messer ein hübsches Muster in die Oberfläche ritzen und mittig ein Loch stechen, damit der beim Backen entstehende Dampf entweichen kann. Etwa 25 Minuten goldgelb backen. Am besten warm genießen.

GETRÄNKE

Mandelmilch war über die Jahrhunderte vor allem in Ländern des Mittelmeerraums und Nahen Ostens bis nach Ostasien verbreitet, als *Latte di mandorla* auf Sizilien, *Soumatha* oder *Orzata* in Griechenland, in vielen Geschmacksrichtungen als *Rozata* in Tunesien, *Laban al loz* in Marokko oder *Ruġġata* aus Bittermandeln mit Vanille, Zimt und Gewürznelken auf Malta. Blütenwasser von Orangen oder Rosen wird gerne zum Aromatisieren verwendet. Darüber hinaus ist die Mandel der Star vor allem in aromatischen Sirupen und Likören, die auch pikante Speisen raffiniert würzen.

Sirop d'Orgeat

In keiner gut sortierten Bar darf er fehlen, der trübe Sirup mit Bittermandelaroma, Bestandteil zahlreicher Cocktails, darunter der berüchtigte *Mai Tai* mit Rum und *Curaçao*. Berüchtigt war auch *La Mauresque*, im Original mit Absinth. Der Sirup verleiht auch süßen und pikanten Speisen ein feines Aroma.

250 g Zucker • 200 g geröstete gemahlene Mandeln • einige Tropfen Bittermandelöl • 1 TL Orangenblütenwasser nach Belieben • 30 ml Wodka (zum Haltbarmachen)

Zucker in 300 ml Wasser unter stetem Rühren 3 Minuten kochen. Mit den Mandeln unter stetem Rühren bei milder Hitze bis zum Siedepunkt erhitzen. Vom Herd nehmen und bedeckt 6 Stunden ziehen lassen. Durch ein feines Tuch gießen. Die Mandeln gut ausdrücken und anderweitig verwenden. Den Sirup mit Bittermandelöl (sparsam), Orangenblütenwasser und Wodka mischen. Gut verschlossen kühl und dunkel aufbewahren.

Amaretto

Amaretto (= ein wenig bitter), *Amarguinho* in Portugal, verleiht Getränken, Cocktails wie *French Connection* oder *Godfather*, Süßspeisen, aber auch pikanten Gerichten wie Fisch *amandine* oder gebratenem Schweinsfilet mit Espressosauce ein unverwechselbares Aroma. Er wird mitunter auch aus den Kernen von Marillen, Pfirsichen oder Weichseln hergestellt.

4 gestoßene Bittermandeln • 300 g brauner Kandiszucker • 500 ml Wodka • 1 Vanilleschote

Alle Zutaten in einer Flasche an einem warmen Ort unter gelegentlichem Schütteln 4 Monate ziehen lassen. Abseihen.

GLOSSAR

Biskotten	Löffelbiskuits
Dotter	Eigelb
Dragieren	mit Zuckermasse o. Ä. überziehen
Eierschwammerl	Pfifferling
Eiklar	Eiweiß
Faschiertes	Hackfleisch
Fisolen	grüne Bohnen
Ghee	geklärte Butter
Hausenblase	aufbereitete Innenhaut der Schwimmblase des Hausens und anderer Störe
Heurige Kartoffeln	junge Kartoffeln
Macis	Muskatblüte
Marillen(marmelade)	Aprikosen(konfitüre)
Montieren (Sauce)	binden
Pignoli	Pinienkerne
Rosa Beeren	auch (fälschlich) rosa Pfeffer genannt
(Semmel)Brösel	Paniermehl
Staubzucker	Puderzucker
Weichsel	Sauerkirsche

MARGOT FISCHER

Die Anglistin und Ernährungswissenschafterin arbeitete in der Forschung am Wiener Allgemeinen Krankenhaus, später leitete sie ein Restaurant mit der Küche von New Orleans. Neben wissenschaftlichen Publikationen veröffentlichte sie *Wilde Genüsse – Enzyklopädie und Kochbuch essbarer Wildpflanzen*, *Essbare Wildpflanzen für Einsteiger* und *Kochen in der Kiste* sowie mehrere Kochbücher, die kulturhistorischen Hintergrund und klassische Kochanleitungen ebenso bieten wie zahlreiche selbst entwickelte Rezepte, darunter *Bayou – Kochen in Louisiana*. Zu den von ihr übersetzten Kochbüchern zählen Claudia Rodens *Buch der jüdischen Küche* und Elizabeths Davids *Französische Küche*.

MICHAEL BAICULESCU

Der marzipanaffine emeritierte Verleger des Mandelbaum Verlages kocht gerne und gibt gelegentlich Kochbücher heraus. So zum Beispiel *Das große Wörterbuch der Kochkunst* von Alexandre Dumas und die *Marone/Esskastanie*.

REZEPTVERZEICHNIS

mandelbaums *kleine gourmandisen*

Jeweils 60 Seiten | Euro 14,– | Gebunden

APFEL
ARTISCHOCKE
AVOCADO
BANANE
BASILIKUM
BIRNE
BUCHWEIZEN
CHILI
DATTEL
ERBSE
ERDBEERE
ERDNUSS
FEIGE
FENCHEL
GRANATAPFEL
GURKE
HASELNUSS
HEIDELBEERE
HIMBEERE
HOLUNDER
JOHANNISBEERE
KAKAO
KARFIOL BLUMENKOHL
KAROTTE MÖHRE
KICHERERBSE
LAVENDEL
LINSE
MAIS
MANDEL
MANGOLD
MARILLE APRIKOSE
MARONE ESSKASTANIE

MELANZANE AUBERGINE
MOHN
MORCHEL
ORANGE
PASTINAK
PINIE
PISTAZIE
QUITTE
RADICCHIO
RHABARBER
ROSMARIN
ROTE RÜBE ROTE BETE
SAFRAN
SALBEI
SELLERIE
SENF
SESAM
SPARGEL
SPEIERLING
STEINPILZ
TAFELTRAUBE
TOMATE
THYMIAN
VANILLE
WALNUSS
WEICHSEL SAUERKIRSCHE
WEIZEN
ZIMT
ZITRONE
ZUCCHINI
ZWETSCHGE
ZWIEBEL